Wild auf Feuer

Grillen und Barbecue mit Wild – die besten Rezepte und Tipps

KOSMOS

Inhalt

Garzeit beim indirekten Grillen: Unter dem Fleisch ist eine Auffangschale, um die die Glut platziert wird. Wegen der niedrigen Temperaturen, von 80–160 °C, dauert der Garzeitraum manchmal mehrere Stunden.

Garzeit beim direkten Grillen: Rohes Fleisch wird bei Temperaturen von 160–300 °C genau über der Glut zubereitet. Wegen der scharfen Hitze sind die Garzeiten meist verhältnismäßig kurz.

Zweite Saison

Grillen liegt voll im Trend. Eine ganze Gesellschaft scheint diese ursprünglichste Art, Speisen zuzubereiten, gerade wiederzuentdecken. Den Variationen von Fleisch und Gemüse auf dem Rost sind keine Grenzen gesetzt. Nur ein Produkt fehlt meistens – Wild.

Wildbret kämpft mit vielen Vorurteilen. Das meist verbreitetste ist: Es schmeckt streng. Die wenigsten Verbraucher wissen, dass dieses jahrzehntelang als „Hautgout" gepriesene Sondermerkmal nichts anderes war als Gammelfleisch. Frisches Wildbret aber, das sauber erlegt, gekühlt und verarbeitet wurde, ist rundum appetitlich – vom Geruch bis zum Geschmack. Und da sind wir beim zweiten Vorurteil, das auch gerne von deutschen Fernsehköchen geäußert wird: Wildbret ist zu mager und eignet sich deswegen nicht, um auf dem Grill zu landen.

Wir wollen Ihnen in „Wild auf Feuer" das Gegenteil beweisen. Wildbret lässt sich eben nicht nur als Braten mit Klößen, Rotkraut und Preiselbeeren genießen, sondern auch als Rehrücken im Pfannkuchenmantel, Hirsch-Spießchen oder Reh-Bratwürstl.

Auf dem Feuer beim sommerlichen Grillabend zeigt Wild, was für eine Qualität in ihm steckt. Mit dem Thema „Grillen von Wild" eröffnen wir für das hochwertige Lebensmittel eine zweite Saison. Spitzenkoch Karl-Josef Fuchs, Grillspezialist Elmar Fetscher und viele weitere Experten verraten leckere Rezepte von Hirsch bis Ente und geben wertvolle Verarbeitungstipps sowie Beilagenhinweise. Darüber hinaus gibt es alles Wissenswerte rund um Saucen, Grilltechniken, die richtige Vorbereitung und die notwendige Ausrüstung.

Wir hoffen, dass dieses Buch mit seinen tollen Rezepten und mit vielen hilfreichen Informationen Ihnen genauso viel Lust auf das Wild-Grillen macht wie uns.

Das wünscht Ihnen Ihr

Heiko Hornung
Chefredakteur WILD UND HUND

Vom Grill auf den Teller

Ob Hirsch, Reh, Wildsau, Hase oder Ente – mit den folgenden Rezepten gelingt es, aus Wildbret ein edles Grillgericht zu servieren.

Rotwild

König der Wälder

Majestätischer Geschmack

Dunkelrot, fettarm und ein kräftiges Aroma: Das ist edles, wildes Hirschfleisch, wie Sie es in keinem Supermarkt bekommen. Verständlich, dass der Genuss des Wildbrets früher den Fürsten und Königen vorbehalten war. Die Zeiten haben sich jedoch geändert. Sagenhafte 2 000 Tonnen reines Rotwildbret wurden laut Deutschem Jagdschutzverband im Jagdjahr 2010/2011 erbeutet.

Hirschmedaillons

auf Spitzkohl mit Wacholderrahm

Rezept Michael Wollenberg

Zutaten (für 4 Personen):

600 g Medaillons aus der Hirschkeule
Salz, Pfeffer
etwas Öl

Für die Sauce:

1 kleine Schalotte
2 EL Wacholderbeeren
50 g Butter
1 EL Tomatenmark
125 ml Geflügelfond
200 g Crème double
Salz, Pfeffer

Für den Spitzkohl:

1 kleiner Kopf Spitzkohl
1 Schalotte
100 g Butter
etwas Brühe
Salz, Pfeffer, Muskatnuss

Zubereitung Spitzkohl:

Den Spitzkohl waschen und in Streifen schneiden. In der Butter anschwitzen. Die Schalotte abziehen und in Würfel schneiden, dazugeben. Mit etwas Brühe angießen und mit Salz, Pfeffer sowie etwas Muskatnuss abschmecken und langsam garschmoren lassen.

Zubereitung Sauce:

Die Schalotte abziehen und in feine Würfel schneiden. Wacholderbeeren andrücken und mit der Schalotte in Butter anschwitzen. Das Tomatenmark dazugeben und circa 1 Minute anrösten. Mit dem Geflügelfond und Crème double ablöschen, mit Salz und Pfeffer abschmecken. Die Sauce 10 Minuten köcheln lassen, im Mixer fein pürieren und anschließend durch ein Sieb passieren.

Zubereitung Medaillons:

Den Grill auf hohe Temperatur (etwa 250 °C) vorheizen. Den Grillrost leicht einölen und die Hirschmedaillons darauf 3–4 Minuten von beiden Seiten grillen, bis sie innen noch zart rosa sind. Dann mit Salz und Pfeffer würzen, auf dem Spitzkohl anrichten und mit der Wacholdersauce servieren.

Hirschrücken

mit Pflaumenfüllung

Zubereitung Füllung:

Die Pflaumen entkernen und klein schneiden. Die Zwiebel und den Speck in Würfeln schneiden. Zuerst den Speck und anschließend die Zwiebel in einer Pfanne anrösten, die Pflaumen dazugeben und garen, bis diese weich sind. Mit Salz und Pfeffer abschmecken.

Zubereitung Hirschrücken:

1. Den parierten Hirschrücken längs bis zur Hälfte aufschneiden und flachdrücken. Salzen, pfeffern, die Füllung auf dem Fleisch verteilen, zusammenfalten und mit Küchengarn umwickeln. Mit Öl einstreichen und mit Salz und Pfeffer würzen.
2. Den Grill auf circa 220 °C vorheizen und den Rücken kurz anbraten, damit sich Röstaromen bilden können. Die Temperatur auf 130 °C bringen, eine Schale (Edelstahl oder Alu) unter dem Grillrost auf Höhe des Bratenstücks platzieren und Orangensaft hineingeben. Die verdunstende Flüssigkeit reduziert die Gefahr, dass der Braten austrocknet. Zusätzlich sorgt die Schale dafür, dass abtropfende, geschmackvolle Bratenflüssigkeit aufgefangen wird. Die Rosmarinzweige neben den Braten legen.
3. Während des Grillens immer wieder Flüssigkeit in der Schale nachfüllen. Dabei den Braten mit dem eingedickten Orangensaft bestreichen. Kurz vor Erreichen der gewünschten Kerntemperatur die Schale entnehmen, den eingedickten Orangensaft nochmals salzen und pfeffern, etwas grünen Tabasco und Honig einrühren.
4. Das Ganze nochmals eindicken lassen und das Bratenstück damit bestreichen. Die Kerntemperatur sollte mit einem Einstichthermometer geprüft werden. (Achten Sie darauf, dass die Spitze des Fleischthermometers im Fleisch und nicht in der Füllung steckt.) Bei circa 65 °C ist der Rücken zart, saftig und rosa.
5. Bei einem Gasgrill den Grill abschalten und Braten kurzzeitig ruhen lassen. Bei einem Holzkohlegrill den Braten in Alufolie packen und vor dem Servieren außerhalb noch etwas ruhen lassen. Als Beilage eignen sich Rosmarinkartoffeln.

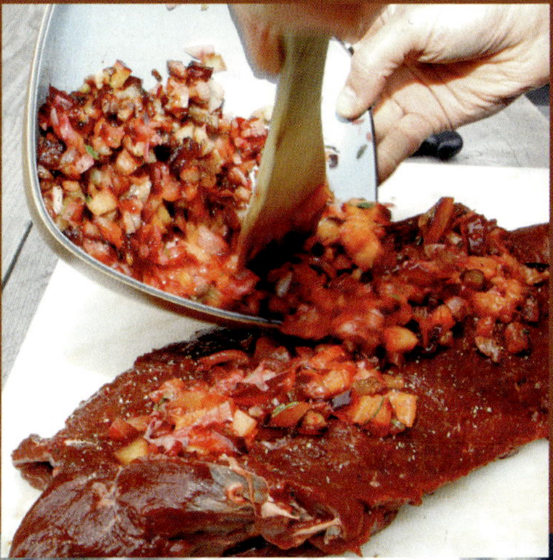

Zutaten (für 4 Personen):
1/2 ausgelöster Hirschrücken (circa 900 g)
Salz, Pfeffer
etwas Rapsöl
2–3 Zweige Rosmarin
1/2 l Orangensaft
grüner Tabasco (alternativ Chilipulver)
2 TL Honig
Küchengarn

Für die Füllung:
400 g reife, süße Pflaumen
1 Zwiebel
230 g Speck
Salz, Pfeffer

Tipp: Falls Sie keine Schale zur Hand haben, können Sie auch ein Behältnis aus Alufolie formen und unter den Braten geben. Dazu sollte die Alufolie möglichst doppelt liegen. Dadurch ist sie stabiler und hält die Flüssigkeit besser.

Hirschsteak mit Chicoréeschiffchen

Rezept Michael Stahl
Zutaten (für 4 Personen):
4 Hirschsteaks
von der Keule
etwas Rapsöl
Fleur de Sel
8 kleine Chicoréeblätter
200 g Kräuterfrischkäse
Salz, Pfeffer
etwas Zitronensaft
frische Sprossen

Für die Marinade:
1/2 l Weißwein
1 Zwiebel, in
Scheiben geschnitten
1 Lorbeerblatt
2 EL Zucker
1 TL Wacholderbeeren

Zubereitung Marinade:
Die Zutaten in einen Behälter geben und vermengen, Steaks darin einlegen, abdecken und etwa 24 Stunden marinieren.

Zubereitung Steaks:
1. Die Hirschsteaks einölen und auf einen sehr heißen Rost legen. Von jeder Seite 2 Minuten scharf angrillen, danach je nach Stärke der Steaks 10–15 Minuten bei indirekter Hitze ziehen lassen. Anschließend vom Grill nehmen und in Alufolie noch 3 Minuten ruhen lassen. Mit Fleur de Sel und Pfeffer würzen.
2. Für die Chicoréeschiffchen die Blätter mit Frischkäse bestreichen. Mit etwas Salz, Pfeffer und eventuell mit einigen Tropfen Zitronensaft würzen. Zum Servieren Sprossen darüberstreuen.

Sprossenanzucht ohne Spezialgerät

Ungeschälte, getrocknete Hülsenfrüchte (beispielsweise Linsen der Mungobohnen) über Nacht in Wasser einweichen. In ein Sieb abgießen und mit kaltem Wasser abspülen. Das Abspülen jeweils morgens und abends wiederholen. Die Früchte werden in einer Schüssel ohne Deckel aufbewahrt oder mit einem Mulltuch abgedeckt. Nach etwa 2–3 Tagen haben die Hülsenfrüchte deutlich sichtbare Keime entwickelt und die Sprossen sind verzehrfertig.

Hirschfiletsteak im Speckmantel

Zutaten (für 4 Personen):
4 Hirschfiletsteaks
8 Scheiben ungeräucherter und
dünn geschnittener Speck
etwas Rapsöl
Salz, Pfeffer

Zubereitung:
1. Die Filetsteaks mit Öl einstreichen und mit Speck ummanteln. Den Grill auf 250–300 °C vorheizen und den Grillrost mit etwas Öl einstreichen.
2. Die Filetsteaks auf den Grillrost legen und circa 3 Minuten auf jeder Seite kross grillen (Garprobe siehe Seite 92). Danach die Steaks 5 Minuten in Alufolie hüllen und ruhen lassen, damit der Saft im Fleisch bleibt.
3. Die Filetsteaks vor dem Servieren salzen, pfeffern und quer zur Fleischfaser in dünne Scheiben schneiden. Als Beilage zu empfehlen: Rosmarinkartoffeln und Preiselbeerbutter.

Tipp: *Um die Fleischfaserrichtung nach dem Einpacken im Speckmantel zu erkennen, sollte man die Faserrichtung schon vorher eventuell mit einem Zahnstocher markieren (Die Zahnstocher dann vor dem Servieren unbedingt wieder entfernen).*

Gefüllte Hirschnuss

Rezept Michael Stahl
Zutaten (für 4 Personen):
1 Nuss-Stück aus der Keule (circa 1 kg)
1 l trockener Rotwein
4 TL Wildgewürzmischung
100 g Bacon in Scheiben
150 g Trockenfeigen
200 g Backpflaumen
4 Lauchstangen
500 g fetter Speck (mind. 0,5 cm dicke Scheiben)
etwas Apfelgriebenschmalz
4 frische Feigen

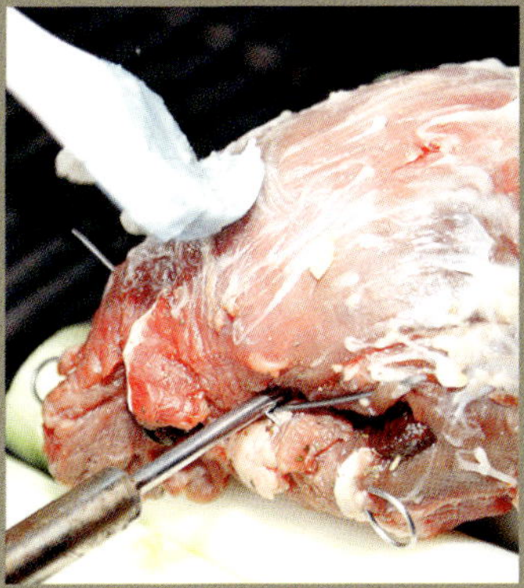

Zubereitung Hirschnuss:

1. Für das Fleisch eine Marinade aus Rotwein und Wildgewürzmischung rühren und die Nuss mindestens 24 Stunden marinieren. Das Fleisch trocken tupfen, eine Tasche hineinschneiden und mit Baconscheiben auslegen. Trockenfeigen und Backpflaumen würfeln, in die Tasche füllen und diese mit Spießen verschließen.
2. Von den Lauchstangen den grünen Teil abschneiden, die Stangen auf dem Rost platzieren und das Fleisch darauflegen. Den Braten mit den Speckscheiben belegen und bei 200 °C 20 Minuten grillen.
3. Dann die Temperatur auf 120 °C reduzieren und weitergaren, bis die gewünschte Kerntemperatur von rund 70 °C erreicht ist (etwa 2–3 Stunden). Zwischendurch mehrmals mit geschmolzenem Apfelgriebenschmalz bestreichen. Vor dem Servieren die äußerste Schicht des Lauchs entfernen, falls sie zu dunkel geworden ist. Etwas salzen und als Beilage reichen. Pro Person eine Feige halbieren und den Teller damit dekorieren.

Für die Sauce:

1 kleine Zwiebel
etwas Butter
5 Backpflaumen
3 getrocknete Feigen
400 ml Wildfond
150 ml Apfelsaft
1 EL Feigenmarmelade
Salz, Pfeffer
100 ml flüssige Schlagsahne

Zubereitung Sauce:

1. Die Zwiebel abziehen und würfeln. In etwas Butter in einem kleinen Dutch Oven (siehe Seite 91) oder einer Pfanne hellbraun anbraten. Backpflaumen und Feigen in sehr feine Scheiben schneiden, zu den Zwiebeln geben und mit Wildfond und Apfelsaft ablöschen.
2. Feigenmarmelade hinzufügen und alles zusammen einkochen lassen. Sauce nach Geschmack mit Salz und Pfeffer abschmecken, eventuell pürieren und mit der Sahne binden.

Rehwild

Leben am Feldrand

Zarte Versuchung

Elegant und majestätisch schreitet der junge Bock durch die sommerliche Feldflur. Das feinfaserige Rehwildbret begeistert nicht nur Sterneköche und Gourmets. Auch Meister-Griller wissen das dunkelrote Fleisch zu schätzen. Ein weiterer Vorteil von diesem Wildbret: Rehwild ist, von den Hochalpen abgesehen, in ganz Deutschland verbreitet. Durch die Jagdzeit von Mai bis Januar gibt es frisches Rehwildbret das ganze Jahr.

Gegrilltes Rehfilet

mit sommerlichem Salat, Avocado und Wildkräutern

Rezept Michael Wollenberg

Zutaten (für 4 Personen):

100 g frischer Salat
(Eisberg, Radicchio, Rucola, Frisée)
100 g Wildkräuter
(Sauerampfer, Kapuzinerkresse, Vogelmiere)
2 EL Essig
4 EL Olivenöl
1 TL Senf
Salz, Pfeffer
1 Prise Zucker
1 reife Avocado
100 ml Läuterzucker
500 g Rehfilet
etwas Öl
Preiselbeeren oder
Cranberrykompott

Zubereitung:

1. Den Salat und die Wildkräuter gründlich waschen und trocken schleudern. Aus Essig, Olivenöl und Senf eine Marinade anrühren und mit Salz, Pfeffer und Zucker abschmecken. Die Avocado schälen, in Spalten schneiden und in Läuterzucker legen, damit sich die Spalten nicht verfärben.
2. Das Rehfilet mit Öl bestreichen, mit Salz und Pfeffer würzen und auf dem vorgeheizten Grill (circa 250 °C) 3–4 Minuten grillen, bis es innen noch rosa ist.
3. Zum Anrichten das Fleisch aufschneiden und auf Teller verteilen. Den Wildkräutersalat anrichten, mit der Marinade beträufeln und mit den Avocadospalten garnieren. Pro Teller einen Esslöffel Preiselbeeren oder Cranberrykompott dazugeben.

Rehrücken
im Pfannkuchenmantel

Für die Pfannkuchen:
200 g Mehl
400 ml Milch
5 Eier
Salz
Öl für die Grillplatte

Für das Pesto:
2 Zehen Knoblauch
1 Bund Basilikum
100 g Pinienkerne
125 ml Olivenöl
1/2 TL Salz
1/2 TL Pfeffer
1/2 TL Zucker
40 g Parmesan, gerieben

Zubereitung Pfannkuchen:
1. Das Mehl in eine Schüssel sieben und mit der Milch glattrühren. Die aufgeschlagenen, verrührten Eier und etwas Salz dazugeben, rühren, bis ein schöner, glatter Teig entsteht. Den Teig etwas ruhen lassen.
2. In der Zwischenzeit den Grill anheizen und auf die Grillplatte etwas Öl streichen. Anschließend die Pfannkuchen nacheinander auf der Grillplatte ausbacken.

Zubereitung Pesto:
Knoblauch, Basilikum, Pinienkerne und etwas Öl mit dem Pürierstab zerkleinern. Salz, Pfeffer, Zucker, Parmesan und das restliche Öl zugeben und nochmals mixen. Im Kühlschrank aufbewahren.

Zutaten (für 4 Personen):
1 Rehrücken (4 Stücke à 150 g)
einige Blätter Spinat
4 Pfannkuchen
Pesto
etwas Öl
Salz, Pfeffer

BBQ-Tipp: *Stellt man eine mit Flüssigkeit gefüllte Schale auf den Rost, lässt sich die Temperatur im Garraum um bis zu 25 % senken.*

Zubereitung Rehrücken:
1. Die Spinatblätter in Salzwasser blanchieren, die dickeren Stiele entfernen. Den Grill auf circa 220 °C vorheizen. Den Rost einölen, die Rehlachse kurz angrillen und wieder vom Grill nehmen.
2. Die vorbereiteten Pfannkuchen ausbreiten, darauf die Spinatblätter legen. Rehlachse rundum mit Salz und Pfeffer würzen, mit Pesto bestreichen und alles zusammenrollen. Die Enden für eine bessere Optik auf Kante abschneiden.
3. Die gefüllten Pfannkuchenstücke auf den Grill legen und bei etwa 100 °C rund 30 Minuten im geschlossenen Grill barbecuen. Die Kerntemperatur messen – bei circa 63 °C sind die Rehlachse rosa.

Rehschulter
mit buntem Wurzelgemüse

Rezept Klaus Winter

Zutaten (für 4 Personen):

je 1 Rehschulter für 2 Personen (am Knochen)
etwas Rapsöl
Pfeffer, Salz
Thymian, Rosmarin
etwas Rotwein
800 g gelbe, rote und violette Möhren
etwas Kräuterbutter
etwas Butterschmalz
1 Ingwerknolle
etwas Weißwein
nach Belieben Balssamicoessig und Honig zum Garnieren

Zubereitung:

1. Die Rehschulter parieren, dabei auch die Silberhäute entfernen. Feste Fettbestandteile können am Fleisch bleiben, sie lösen sich während des Garens langsam auf.
2. Anschließend dünn Rapsöl in das Fleisch einmassieren (eventuell mithilfe von Einmalhandschuhen), mit grobem Pfeffer, Salz sowie Thymian und Rosmarin bestreuen. Entweder vakuumieren oder in einen Gefrierbeutel geben und über Nacht im Kühlschrank ruhen lassen. Mindestens 1 Stunde vor dem Grillen herausnehmen, damit das Fleisch Zimmertemperatur annehmen kann.
3. Bei niedrigster Hitze (ideal sind 120 °C) im geschlossenen Grill circa 1,5 Stunden langsam garen lassen. Anschließend die Schulter in einer Alufolie mit Rotwein angießen, die Folie dicht verschließen und weitere 2 Stunden bei mittlerer Temperatur (maximal 140 °C) weitergaren.
4. Die Möhren schälen und in Scheiben schneiden. Anschließend in einer Grillschale mit etwas Kräuterbutter und Butterschmalz anschwenken. Die Ingwerknolle schälen und in feinen Scheiben unter die Möhren mischen. Salz und Pfeffer dazugeben und mit einem Schuss Weißwein ablöschen. Grillschale mit Alufolie verschließen und während der letzten 20 Minuten zusammen mit dem Fleisch im Grill ziehen lassen.

Tipp: *Zum Garnieren das Gemüse eventuell mit etwas reduziertem Balsamicoessig (Glace) und Honig beträufeln.*

Rehrücken im Wasabimantel

Zutaten (für 4 Personen):
1 Rehrücken (4 Stücke à 150 g)
200 g Wasabinüsse
Salz, Pfeffer

Für die Marinade:
1 TL Zucker
1 TL Sojasauce
1 EL Sesamöl
1/4 l Orangensaft

Zubereitung Rehrücken:

1. Für die Marinade alle Zutaten in einer Schüssel verrühren. Die Rehlachse mit der Marinade in einen Gefrierbeutel geben und etwa 1 Stunde im Kühlschrank marinieren lassen. Die Wasabinüsse in einem Mörser zerkleinern. Nach dem Einlegen die Marinade reduzieren, die Rehrückenteile mit der reduzierten Marinade einstreichen, etwas salzen und pfeffern und im Wasabimehl wenden.
2. Den Grill auf circa 220 °C vorheizen, den Rost etwas einölen und die Lachse kurz anrösten. Dann die Temperatur auf 100 °C reduzieren. Die Rehlachse sind nach circa 25 Minuten auf 63 °C Kerntemperatur gebracht. Während des Grillens die Kerntemperatur mit einem Einstichthermometer überwachen (siehe Seite 93).
3. Alternativ kann man die Rehlachse auch bei höherer Temperatur (160 °C) grillen. Dabei reduziert sich die Grilldauer auf ungefähr 10 Minuten. Darauf achten, dass die Wasabinüsse nicht anbrennen.

Beilage Asiagemüse aus dem Wok:

1 rote Paprikaschote
4 Frühlingszwiebeln mit Grün
2 Karotten
150 g Zuckerschoten
1 Knoblauchzehe
1 kleines Stück Ingwer
3 EL Sojaöl
2 EL Sherry
100 g frische Sojasprossen
Salz, Pfeffer
1 EL Sojasauce
1 EL Sesamöl

Zubereitung Wokgemüse:

1. Gemüse waschen, Paprika entkernen und in schmale Streifen schneiden, Frühlingszwiebeln in kleine Stücke zerteilen, Karotten in Stifte schneiden und Zuckerschoten halbieren. Knoblauch schälen und hacken, Ingwer schälen und reiben. Den Grill samt Wokeinsatz anheizen und das Sojaöl in der Wokpfanne erhitzen.
2. Frühlingszwiebeln, Knoblauch und Ingwer zugeben, anschwitzen und Sherry hinzufügen. Dann Paprika und Möhren zugeben und alles rund 5 Minuten unter Rühren andünsten.
3. Zum Schluss Zuckerschoten und Sojasprossen mit in den Wok geben und alles weitere 3 Minuten dünsten. Das Gemüse sollte noch knackig sein. Danach mit Salz und Pfeffer würzen, Sojasauce und Sesamöl hinzufügen und mischen.

Saltimbocca vom Rehrücken

mit gegrilltem Gemüse in Rucolamarinade

Zubereitung Rucolamarinade:
Rucola putzen, waschen und gut abtropfen lassen. Mit den anderen Zutaten fein pürieren. Etwas Rucola und einige Pinienkerne als Garnitur zurückbehalten.

Zubereitung Rehrücken:
1. Den Rehrücken parieren, die Parmaschinken-Scheiben nebeneinander als Rechteck auf eine Folie geben. Das Wildbret auf den Schinken legen und mit etwas Olivenöl einpinseln. Die Salbeiblätter auf dem Rücken verteilen, alles mit grobem Pfeffer würzen und mit der Folie in Form bringen.
2. Die Kartoffeln und die Tomaten halbieren. Den Spargel im unteren Drittel dünn schälen. Den Rehrücken aus der Folie nehmen und zusammen mit dem vorbereiteten Gemüse und den Rosmarin- und Thymianzweigen circa 8 Minuten bei mittlerer Hitze (etwa 180 °C) auf den Grill legen.
3. Den Rehrücken vom Grill nehmen und in Tranchen schneiden. Das in der Zwischenzeit fertig gegrillte Gemüse mit Salz und Pfeffer würzen und alles zusammen auf einem Teller anrichten. Zum Schluss mit der Rucolamarinade beträufeln und mit Rucolablättern, Rosmarinzweigen und Pinienkernen garnieren.

Rezept Michael Wollenberg

Zutaten (für 4 Personen):
4 Portionen Rehrücken à 200 g
8 Scheiben Parmaschinken
Olivenöl
Salbeiblätter
grober Pfeffer aus der Mühle

Für das gegrillte Gemüse:
8 Kartoffeln, vorgekocht
8 Tomaten
8 Stangen grüner Spargel
einige Rosmarin- und Thymianzweige

Für die Rucolamarinade:
200 g Rucola
100 ml Olivenöl
etwas Sherryessig
50 ml Geflügelbrühe
50 g geröstete Pinienkerne

Rehschulter

mit überbackenem Chicorée

Rezept Johannes Kliem

Zutaten (für 4 Personen):

1 Glas Wildfond
1 Tasse Ananassaft
1,5 kg Rehschulter
2 EL frischer Rosmarin
2 EL frischer Thymian
1 EL Meersalz
1 EL Pfeffer
einige Scheiben weißer Speck
8–10 Chicorée
250 g Blauschimmelkäse

Zubereitung:

1. Wildfond und Ananassaft vermischen und das Rehfleisch mit einer Injektionsspritze „impfen". So kommt zusätzlich Würze in das Fleisch und der Fruchtsaft macht es mürbe. Anschließend das Wildbret von Sehnen und der Silberhaut befreien. Die Kräuter zerkleinern und mit Salz und Pfeffer vermischen. Das Fleisch damit einreiben.
2. Den Grill auf 120 °C vorheizen, bis die Kohlen eine weiße Ascheschicht umgibt. Die Kohlen so im Grill verteilen, dass nur die Hälfte der Fläche bedeckt ist. So wird das Fleisch indirekt gegrillt. Unter die Rehschulter eine Schale legen, um den herabtropfenden Fleischsaft aufzufangen.
3. Das Fleisch etwa 2,5 Stunden bei einer Temperatur von 120 °C grillen. Es sollte mindestens eine Kerntemperatur von 70 °C erreichen. Den Braten mit weißem Speck abdecken, um ihn zusätzlich vor dem Austrocknen zu schützen.
4. Den Chicorée waschen, der Länge nach halbieren und die äußeren Blätter entfernen. Leicht salzen und pfeffern und großzügig mit Blauschimmelkäse bedecken. Auf eine gelochte Aluschale legen und während der letzten 25 Minuten der Garzeit auf den Grill stellen, bis der Käse gut verlaufen ist. So sind beide Gerichte gleichzeitig fertig.

Tipp: *Restlichen Wildfond und Fruchtsaft in die Schale unter das Fleisch geben. Das aromatisiert den Braten während des Garens und ergibt eine leckere Saucenbasis.*

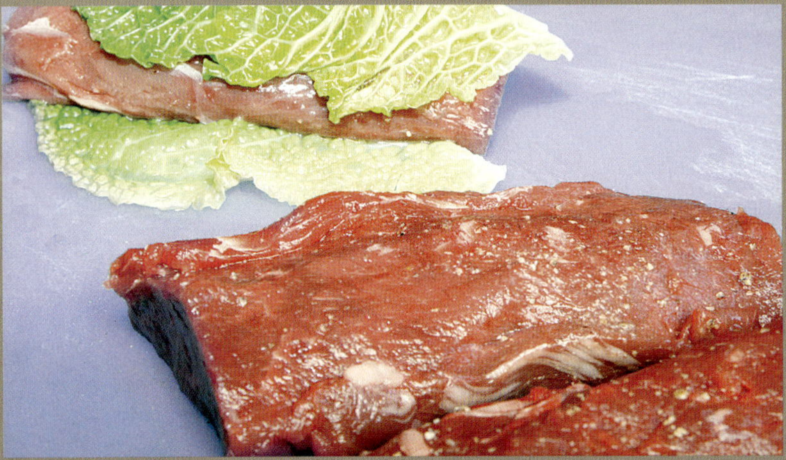

20 Min

Rehfilet

im Wirsing-Strudel-Mantel

Rezept Michael Stahl

Zutaten (für 4 Personen):

1 Rehrücken, aufgeteilt in 4 Stücke
1/2 l trockener Rotwein
5 Wacholderbeeren
5 Pimentkörner
1 TL Balsamicoessig
4–8 Wirsingblätter (je nach Größe)
Salz, Pfeffer
Strudel- oder Yufkateig
1 Eigelb

Für Sellerie-Kartoffel-Stampf:

500 g violette Kartoffeln
1 kleine Sellerieknolle
ca. 100 ml Schlagsahne
1 TL Butter
Salz
1 Prise Muskatnuss

Zubereitung:

Für das Fleisch aus Rotwein, Wacholderbeeren, Pimentkörnern und Balsamicoessig eine Marinade anrühren und mindestens 2 Stunden darin ziehen lassen. Die Wirsingblätter von den harten Rippen befreien und in Salzwasser blanchieren. Die Blätter auslegen und mit Salz und Pfeffer würzen. Je ein Filetstück in 1–2 Wirsingblätter einrollen. Jedes eingewickelte Fleischstück in ein Blatt Strudel- beziehungsweise Yufkateig einschlagen und mit Eigelb bestreichen. Je nach gewünschtem Garzustand etwa 12–20 Minuten bei 200 °C im geschlossenen Grill garen. Eventuell gegen Ende der Garzeit mit Alufolie abdecken. Als Beilage passen Zuckerschoten, die in Salzwasser blanchiert und nach Geschmack kurz gegrillt werden.

Zubereitung gesmokter Sellerie-Kartoffel-Stampf:

Die Kartoffeln gar kochen, pellen und anschließend 10–20 Minuten im Rauch smoken. Wer auf den Farbeffekt verzichten will, kann auch normale, mehligkochende Kartoffeln verwenden. Die Sellerieknolle entweder geschält in Gemüsebrühe gar kochen und anschließend mit den Kartoffeln smoken oder mit Schale mindestens 2 Stunden im Grill bei 160 °C weich werden lassen – danach geht das Schälen einfacher. Kartoffeln zusammen mit ¼ Sellerieknolle unter Zugabe von Sahne und Butter stampfen. Mit Salz und Muskatnuss abschmecken.

Schwarzwild

Rustikale Feinschmecker

Urige Versuchung

Urtümlich und kraftvoll mutet die Wildsau an. Wer ihr Fleisch, wie unsere Ahnen bereits vor tausenden Jahren, über der Glut gart, wird mit einem Erlebnis belohnt. Wildschweinfleisch ist im Vergleich mit anderem Wildbret etwas fetthaltiger. Grillprofis verwenden es deshalb gerne als Hackfleisch. Aber auch gegrillte knusprige Rippen und Bratenstücke sind schmackhafte Delikatessen. Schwarzwild wird das gesamte Jahr über bejagt und ist in fast allen Landstrichen Deutschlands heimisch. Diese Umstände machen es für den Griller besonders interessant.

Wildschwein Ribs

Rezept Grillteam GutGlut

Zubereitung:

1. Von den Ribs die Silberhaut entfernen. Den Dry Rub aus denZutaten mischen, 2 Esslöffel davon beiseitestellen. Die Ribs mit Dry Rub einreiben. Die Zutaten für den Juice verrühren und kurz erhitzen, damit sich der Honig auflöst. Die Zutaten für das Glaze in einen kleinen Topf geben und kurz aufkochen, 10 Minuten simmern lassen.
2. Die Ribs werden im Kugelgrill oder Barbecue Smoker zubereitet. Im Grill steht zusätzlich eine Schale mit Wasser, damit die Ribs nicht austrocknen. Die Temperatur sollte zwischen 110 und 130 °C liegen. Die Ribs für 1 Stunde in den Grill geben und nach 30 Minuten wenden.
3. Dann die Ribs herausnehmen und einzeln mit jeweils 2 EL Juice in Alufolie dicht einpacken. Wieder für 1 Stunde in den Grill geben. Danach die Ribs aus der Alufolie nehmen, etwas salzen und mit dem warmen Glaze bepinseln. Noch mal 30 Minuten in den Grill geben und ab und zu dünn mit dem Glaze bepinseln. Die gesamte Grilldauer beträgt rund 2,5 Stunden.

Zutaten (für 6 Personen):

6 Reihen Wildschweinrippen
Dry Rub (Gewürzmischung)
Juice (Marinade)
Glaze (Glasur)

Für den Dry Rub:

½ Tasse brauner Zucker
½ Tasse Paprikapulver, edelsüß
½ Tasse Zwiebelpulver
2 TL Cayennepfeffer
2 TL Salz
2 TL Pfeffer, geschrotet
2 TL Oregano
2 TL Thymian

Für den Juice:
½ Tasse Weißwein
2 EL Weißweinessig
1 EL Honig
3 EL Orangensaft

Für das Glaze:
1 Tasse Ketchup
4 EL brauner Zucker
2 EL Dry Rub

Zutaten (für 4 Personen):
1 kg Wildschweinschulter
ohne Knochen
etwas Rapsöl
Salz, Pfeffer

Für die Apfelsaftinjektion:
1/4 l Apfelsaft
2 EL Chiliöl oder Rapsöl

Für die Mop-Sauce:
1/2 l Apfelsaft
1 TL Ingwerpulver
1 TL Knoblauchpulver
2 TL Worchester Sauce
1 TL grüner Tabasco
1 TL Curry
2 EL brauner Zucker

Für die Country-Kartoffeln:
1 kg festkochende Kartoffeln
etwas Rapsöl
Rosmarinnadeln
Paprikapulver
Salz

Für das Apfelchutney:
500 g Äpfel
1/2 Zitrone
12 g frischer Ingwer
100 g Zucker
100 ml Weißweinessig
2 Stiele Thymian
Salz

3,75 Std

Wildschweinschulter
mit Country-Kartoffeln

Zubereitung Country-Kartoffeln:
Kartoffeln schälen und in Ecken schneiden. In eine Schüssel geben, Rapsöl und Rosmarinnadeln dazugeben, mit Salz und Paprika würzen. Den Grill auf ungefähr 200 °C vorheizen und die Kartoffeln auf einer Grillplatte, einem Lochblech oder einer gelochten Aluschale grillen. Nach circa 45 Minuten sind die Kartoffeln gar.

Zubereitung Apfelchutney:
Die Äpfel schälen, das Kerngehäuse sauber entfernen , Fruchtfleisch in 1/2 cm große Würfel schneiden. Die Zitrone auspressen und mit den Äpfeln mischen. Ingwer schälen und fein würfeln. Den Zucker in einem Topf auf dem Grill karamellisieren, bis er hellbraun ist. Mit dem Weißweinessig ablöschen und bei mittlerer Hitze kochen, bis sich der Karamell aufgelöst hat. Äpfel, Ingwer, Thymian und circa 2 Prisen Salz zugeben. Alles aufkochen und etwa 20 Minuten bei mittlerer Hitze kochen, bis der Großteil der Flüssigkeit verdampft und eine musartige Masse entstanden ist.

Tipp: *Wenn Sie gleich eine größere Menge davon herstellen, können Sie das Chutney sofort nach dem Kochen in saubere Twist-off-Gläser (Einkochgläser) füllen und aufbewahren.*

Zubereitung Wildschweinschulter:
1. Für die Apfelsaftinjektion Saft und Öl mischen, leicht erwärmen und mithilfe einer Spritze der Wildschweinschulter injizieren. Die Schulter danach mit etwas Öl einstreichen und mit Salz und Pfeffer würzen.
2. Den Grill auf mindestens 200 °C vorheizen und die Wildschweinschulter etwa 15 Minuten angrillen. Danach die Temperatur auf etwa 100 °C reduzieren.
3. Für die Mop-Sauce alle Zutaten in einer Schale verrühren, auf den Grillrost stellen, etwas reduzieren, eventuell noch etwas Apfelsaft zugeben und nachwürzen. Die Wildschweinschulter danebenlegen und indirekt bei geschlossenem Deckel 3,5 Stunden barbecuen. Dabei mehrmals mit Mop-Sauce bepinseln und die Kerntemperatur überprüfen. Erreicht sie 72–75 °C (je nach Geschmack), ist die Wildschweinschulter servierfertig.

Wildschwein-Nuss
mit Kartoffelpuffer

Zutaten (für 4 Personen):
1 kg Wildschwein-Nuss
Salz, Pfeffer, Paprikapulver
Rapsöl

Für die Orangenmarinade:
1/2 l Orangensaft
1 Orange in Scheiben geschnitten
1 TL Pfefferkörner
1/2 TL Kurkuma
1 TL Knoblauchpulver
1 Msp Chilipulver oder 2 TL Chiliöl
2 Lorbeerblätter
2 EL Rapsöl

Beilage Selleriesalat:
1 Knolle Sellerie
1 Orange
1/2 Zitrone
100 ml saure Sahne
1 EL Zucker
Salz, Pfeffer

Kartoffelpuffer siehe Seite 74

Zubereitung Selleriesalat:
Knollensellerie schälen und auf der groben Seite einer Haushaltsreibe raspeln. Die Orange schälen, filetieren und in kleine Stücke schneiden. Beides mit dem ausgepressten Zitronensaft mischen. Die saure Sahne, Zucker, Salz und Pfeffer verrühren. Mit den Sellerie-Orangen vermengen und circa 30 Minuten durchziehen lassen.

Zubereitung Wildschwein:
1. Für die Marinade alle Zutaten in einer Schüssel vermengen. Eine Injektionsspritze damit füllen, die Marinade rundum in den Braten einspritzen.
2. Die restliche Marinade und die Orangenscheiben mit der Nuss in einen Gefrierbeutel geben und circa 4 Stunden marinieren. Vakuumiert man den Beutel, reduziert sich die Marinierzeit auf etwa 1 Stunde. Nach dem Marinieren die Nuss mit etwas Öl bestreichen und mit Salz, Pfeffer und Paprika würzen.
3. Den Grill auf hohe Hitze (ungefähr 250 °C) vorheizen. Die Nuss scharf angrillen, sodass sich Röstaromen bilden können.
4. Danach die Hitze auf 90 °C reduzieren und das Fleisch circa 4,5 Stunden indirekt barbecuen. Dabei immer wieder mit der in eine Sprühflasche gefüllten Marinade benetzen. Bei einer Kerntemperatur von 62 °C ist die Nuss rosa gegart.

Tipp: *Die Reste der Marinade ergeben nach dem Reduzieren eine köstliche Sauce, die noch mit Salz und Pfeffer abgeschmeckt wird (feste Bestandteile sollten vor dem Reduzieren entfernt werden).*

Zutaten (für 6 Personen):
1 kg Wildschweinschulter
Salz, Pfeffer
etwas Rapsöl
Paprikapulver

Für die Füllung:
1 Brötchen
400 g Wildschweinhack
Salz, Pfeffer
1 kleine Zwiebel
1 Ei
1 kleine Zwiebel
2 EL gehackte Petersilie
1 EL gehackter Rosmarin

Beilage:
Salbei-Polenta siehe Seite 75

Gefüllte Wildschweinschulter
im Salbeirauch

Zubereitung Wildhack-Füllung:
Das Brötchen in Wasser einweichen, dann ausdrücken und in kleine Stücke zupfen. Das Hackfleisch in eine Schüssel geben und mit Salz und Pfeffer würzen. Die klein geschnittene Zwiebel, das Brötchen, das Ei, die gehackte Petersilie und den gehackten Rosmarin dazugeben und kräftig miteinander vermengen. Eventuell nochmals würzen.

Zubereitung Wildschweinschulter:
1. Die Knochen auslösen (siehe Seite 109) und die Schulter flach auslegen. Das Fleisch mit Salz und Pfeffer würzen, die vorgefertigte Wildhack-Füllung auftragen und mit dem Wildbret umwickeln. Damit der Braten gut zusammenhält, eignet sich die Verwendung eines Bratennetzes. Dazu die benötigte Menge des Netzes über ein Einfüllrohr stülpen, den Braten durch das Rohr in das Netz drücken und das Ende abbinden. Das fertige Bratenpaket mit Rapsöl bestreichen, mit Salz, Pfeffer und Paprika würzen.
2. Den Grill auf 100 °C vorheizen. Den Grillrost leicht einölen, den Braten auflegen und gut 3 Stunden barbecuen. Zwischendurch den Braten immer wieder mit etwas Öl bestreichen. Damit der Braten etwas Rauchgeschmack bekommt, kann man nach der Hälfte der Garzeit einige Salbeiblätter um das Fleisch legen. Bei einer Kerntemperatur von ungefähr 75–78 °C ist die gefüllte Wildschweinschulter servierbereit.

Wildschweingulasch

aus dem Dutch Oven

Zubereitung:
Das Wildbret in mundgerechte Stücke schneiden und mehrere Stunden in eine Marinade aus Buttermilch, Kräutern der Provence, zerstoßenen Pimentkörnern und zerdrückten Wacholderbeeren einlegen. Die Champignons putzen und vierteln, Bacon klein schneiden. Zwiebeln schälen und würfeln. Das Fleisch abtropfen lassen und die Beeren entfernen. Zusammen mit Champignons, Bacon und Margarine scharf im Dutch Oven-Deckel anbraten. Mit Wasser und einem Schuss Rotwein ablöschen, mit Salz, Pfeffer und je nach Geschmack mit Sojasauce würzen. Bei kleiner Hitze 2 Stunden im geschlossenen Dutch Oven köcheln lassen. Gelegentlich umrühren. Vor dem Servieren mit Schlagsahne binden.

Zutaten (für 4 Personen):
750 g Wildschweinfleisch
500 ml Buttermilch
3 TL Kräuter der Provence
5 Pimentkörner
5 Wacholderbeeren
400 g Champignons
2 Zwiebeln
8 Scheiben Bacon
Margarine
2 Tassen Wasser
etwas Rotwein
Salz, Pfeffer
Sojasauce (evtl. Maggi-Würze)
etwas flüssige Schlagsahne

Feldhase

Lange Löffel, stramme Keulen

Spitzensportler mit Geschmack

Der Feldhase ist ein ausgezeichneter Sprinter. Beim Grillen sind daher besonders die Keulen und der Rücken bevorzugte Fleischstücke. Ein küchenfertiger Mümmelmann ist mit rund 2,5 Kilogramm im Vergleich zu Hirsch, Wildschwein und Reh ein Fliegengewicht. Deshalb wird er von vielen Grillprofis auch gern am Stück zubereitet. Speziell der unverkennbare, kräftige Geschmack des Hasen macht sein Fleisch zu einem ganz besonderen Gericht.

Bardierter Hase
am Spieß

Rezept Michael Stahl

Zutaten (für 4 Personen):
1 küchenfertiger Hase
Salz, Pfeffer
Kräuter der Provence
300 g fetter Speck in Scheiben (ca. 5 x 20 cm)
2–3 Zweige Rosmarin
250 g Bacon in Scheiben
200 g Butterschmalz
150 ml lieblicher Rotwein

Beilage Rosmarinkartoffeln
500 g kleine Kartoffeln
Olivenöl
Rosmarinsalz, Pfeffer
2 Zweige Rosmarin

Weitere Beilage: *Gefüllte Rote Bete, siehe Seite 74*

Zubereitung Hase:
1. Den Hasen innen mit Salz, Pfeffer und Kräutern der Provence würzen. Mit fettem Speck und den Rosmarinzweigen füllen, zunähen oder mit Spießen verschließen. Von außen salzen, pfeffern und mit Baconscheiben ummanteln. Den Speck fixieren.
2. Den Hasen auf dem Spießgrill 40–50 Minuten grillen, dabei immer wieder mit flüssigem Butterschmalz bestreichen. In den letzten Minuten den Speck entfernen, den Rotwein mit Butterschmalz, Salz und Kräutern der Provence mischen und den Hasen damit wiederholt einpinseln. Die Fäden oder Spieße sowie Speck und Rosmarin entfernen und den Hasen portionieren.

Zubereitung Rosmarinkartoffeln:
Die Kartoffeln halbieren oder vierteln und in eine feuerfeste Form legen. Mit Olivenöl übergießen und darin wenden, mit Rosmarinsalz (ersatzweise normales Salz und etwas mehr Rosmarin benutzen) und nach Geschmack auch mit etwas Pfeffer würzen. Die Nadeln von den Rosmarinzweigen abziehen und über die Kartoffeln streuen. Dann die Kartoffeln bei 180 °C circa 40 Minuten garen.

Hase mit gefüllten Kartoffeln

Rezept Johannes Kliem

Zutaten (für 4 Personen):

1 küchenfertiger Hase (2,5 kg)
Meersalz, Pfeffer
3–4 Zweige Rosmarin
evtl. weißer Speck

Für die Kartoffeln:

10 mittlere bis große Kartoffeln
10 getrocknete Tomaten in Öl eingelegt
Parmesankäse am Stück

Zubereitung:

1. Die Kartoffeln schälen, halbieren und ungefähr 20 Minuten lang kochen. In der Zwischenzeit das Hasenfleisch von der Silberhaut befreien, kräftig mit Meersalz, Pfeffer und klein gehacktem Rosmarin würzen.
2. Den Grill auf 120 °C vorheizen und dabei die Kohlen so im Grill verteilen, dass nur die Hälfte der Fläche bedeckt ist. Den Hasen etwa 2,5 Stunden indirekt grillen und dabei herabtropfendes Fett und Fleischsaft in einer Aluschale auffangen. Der Hase sollte eine Kerntemperatur von mindestens 65 °C erreichen.
3. Die gekochten Kartoffeln abkühlen lassen, mit einem Löffel aushöhlen und die Kartoffelmasse in eine Schüssel geben. Die Tomaten klein schneiden, zusammen mit frisch geriebenem Parmesan zur Kartoffelmasse geben und mit Pfeffer würzen. Je nach Geschmack die ausgehöhlten Kartoffelhälften leicht salzen. Anschließend die Masse mit einem Löffel in die Hälften verteilen und etwas andrücken. Zum Schluss noch mal mit geriebenem Parmesan bestreuen. Die Kartoffeln für gut 20 Minuten auf den Grill legen (eine Alulochschale ist empfehlenswert), bis der Käse goldbraun ist.
4. Das Hasenfleisch nach dem Grillen noch etwas ruhen lassen und anschließend zusammen mit den Kartoffeln servieren.

Tipp: *Der Hase kann auch bei einer Temperatur von 160–170 °C gegrillt werden. Dann empfiehlt es sich, das Fleisch mit Speckscheiben abzudecken, um ein Austrocknen zu verhindern.*

Stockente

Kulinarischer Genuss

Schmackhaftes Federwild

Wer eine Wildente grillen möchte, muss bis zum Herbst warten. Denn erst dann beginnt ihre Jagdzeit. Aber die Geduld des Wartenden wird belohnt. Zu dieser Jahreszeit haben Enten bereits Fettreserven für den Winter angelegt. Das gegarte Fleisch ist dadurch zart und saftig. Außerdem wird die delikate Haut schön kross.

Ente mit Thaispargel

Rezept Johannes Kliem
Zutaten (für 4 Personen):

2–3 Wildenten (je etwa 800 g)
½ Tasse Hoisin-Soße
1 Tasse Honig
1 Tasse Weißwein
1 EL frischer Ingwer
3 Knoblauchzehen
800 g grüner Spargel
etwas Gemüsebrühe
4–5 Scheiben
Serrano-Schinken
Parmesankäse am Stück
Salz, Pfeffer

Zubereitung:

1. Die Enten gründlich waschen, mit einem Küchentuch abtupfen. Innen und außen salzen und pfeffern. Für die Marinade Hoisin-Soße, Honig, Weißwein, Ingwer und Knoblauch im Mixer zerkleinern, mit den Enten in einen großen Gefrierbeutel geben, über Nacht im Kühlschrank marinieren.
2. Den Grill auf 160–170 °C vorheizen. Sobald die Kohlen mit einer weißen Ascheschicht bedeckt sind, die Enten aus der Marinade nehmen und circa 70–80 Minuten indirekt grillen. Dabei herabtropfendes Fett sowie Fleischsaft mithilfe einer Aluschale auffangen. Die Enten zwischendurch immer wieder mit der restlichen Marinade bestreichen. Das Fleisch sollte eine Kerntemperatur von gut 70 °C erreichen.
3. Den Spargel waschen, den unteren, holzigen Teil abtrennen. Das geht am besten, wenn man den Spargel in die Hand nimmt und am hinteren Ende umknickt. Er bricht dann automatisch am Ende des holzigen Stücks ab. Einen Grillkorb mit etwas Öl einfetten und den Spargel hineingeben. Auf dem Grill immer wieder wenden, bis er von beiden Seiten goldbraun ist. Mit etwas Gemüsebrühe würzen.
4. Die Serrano-Schinkenscheiben ebenfalls auf den Rost legen und grillen, bis sie knusprig sind. Spargel und Schinken vom Grill nehmen und bis zum Servieren warm halten.
5. Die Enten vom Grill nehmen und mit Alufolie bedeckt etwas ruhen lassen, dann portionieren. Den Schinken mit einem Messer zerkleinern und zusammen mit Parmesanspänen über Spargel und Enten geben. Wer mag, kann aus dem aufgefangenen Entenfond und etwas zusätzlicher Geflügelbrühe eine Sauce zubereiten.

Entenbrust mit Limetten

Zubereitung:

1. Zunächst die stark fetthaltige Haut der Entenbrüste mit einem scharfen Messer rautenförmig einschneiden. Darauf achten, dass das Fleisch darunter nicht verletzt wird. Durch das Einschneiden tritt das Fett schneller aus und die Haut wird insgesamt knuspriger. Zuerst nur die Unterseite der Entenbrüste dünn mit Rapsöl einreiben und mit Pfeffer, Salz und einer Prise Zitronengras würzen.
2. Die Limetten in Scheiben schneiden. Das Gemüse in rautenförmige Stücke schneiden, etwas Olivenöl dazugeben und mit zerdrücktem Knoblauch, Pfeffer und Salz würzen.
3. Eine gusseiserne Grillplatte (am besten mit Rand) auf den Grill stellen und die Entenbrüste mit der Hautseite nach unten auf die noch kalte Grillplatte legen. So wird das Fett vollständig ausgebraten, ohne dass die Haut zu schnell verbrennt. Den Grill auf höchste Stufe vorheizen und die Platte erhitzen. Wenn die Haut schön knusprig ist, die Entenbrüste zunächst von der Grillplatte nehmen, etwa 1/3 des Entenfetts abgießen und den Thymianzweig in das verbliebene Fett auf der Platte legen. Anschließend die Gemüsestücke für 5 Minuten im Entenfett grillen, bis sie Farbe angenommen haben.
4. Die Hitze auf 140 bis maximal 160 °C reduzieren und die Entenbrüste mit der Hautseite nach oben auf den Grillrost legen. Den Deckel des Grills schließen. Bei 47 °C Kerntemperatur die Limettenscheiben unter die Entenbrüste legen, das Gemüsepaket mit dazulegen und den Deckel wieder schließen.
5. Hat die Kerntemperatur der Entenbrüste circa 55–57 °C erreicht, sind sie zartrosa und somit fertig. (Sie können die Entenbrust auch „well done" grillen. Die Kerntemperatur beträgt dann jedoch 70 °C). Die Entenbrüste in dünne Scheiben tranchieren und auf den gegrillten Limettenscheiben anrichten.

Rezept Klaus Winter

Zutaten (für 4 Personen):

4–6 Wildentenbrüste
etwas Rapsöl
Pfeffer, Salz
Zitronengras, gemahlen
4–6 Limetten
600 g Grillgemüse (Paprika, Zucchini, Auberginen)
etwas Olivenöl
1 Knoblauchzehe
1 Thymianzweig
Grillschale aus Aluminium oder Edelstahl
gusseiserne Grillplatte

Wildente am Spieß
mit Cognacpflaumen

Rezept Grillteam Grillgut

Zutaten (für 4 Personen):

200 g Dörrpflaumen
80 ml Cognac
3 frische Wildenten (je ca. 800 g)
500 g Wurzelgemüse (Möhre, Sellerie, Lauch, Zwiebel)
Salz, Pfeffer
Paprikapulver

Zubereitung:

1. Die Dörrpflaumen circa 3 Stunden in Cognac einlegen. Die Wildenten säubern und innen und außen kräftig salzen. Die Schwingenspitzen mit einer Geflügelschere abschneiden, denn an ihnen ist kaum Fleisch und es würde auf dem Grill zu schnell verbrennen. Das Wurzelgemüse putzen und in Würfel schneiden.
2. Die Enten mit dem Wurzelgemüse und den Cognacpflaumen füllen und mit Rouladennadeln verschließen. Mit Salz, Pfeffer und Paprika würzen und mittig auf einen Grillspieß stecken.
3. Bei 200 °C in einen Gasgrill mit Motorspieß oder einen Holzkohle-Vertikalgrill geben und je nach Gewicht der Enten circa 2,5 Stunden grillen. Um zu verhindern, dass das Fett in die Glut tropft, eine Aluschale mit Wasser oder Rotwein unter das Grillgut stellen.
4. Gegen Ende der Garzeit die Temperatur etwas höher stellen, damit die Haut schön knusprig wird. Alternativ die Enten auf einem Smoker bei 140 °C Garraumtemperatur circa 3,5 Stunden knusprig braten.

Grillmenü – drei exklusive Gänge

1. Gang: Jakobsmuschel auf Lauch-Fenchel-Gemüse

Rezepte Klaus Winter

Zutaten (für 4 Personen):

4 Jakobsmuscheln (ausgelöstes Muskelstück)
4 Muschelschalen (als Teller-Alternative zum Anrichten)
Meersalz, grober schwarzer Pfeffer
etwas Zitronengras, gemahlen
1 Stange Lauch
1–2 Fenchelknollen
etwas Butterschmalz und Kräuterbutter
Muskatnuss
Chilifäden
Zedernholzbrett (circa 30 Minuten in lauwarmes Wasser einlegen)
Grillschale (Edelstahl oder Alu) für das Gemüse

Zubereitung:

1. Die sauberen Muskelstücke der Jakobsmuscheln für 15 Minuten kalt wässern, anschließend vorsichtig mit Küchenpapier abtupfen. Das eingeweichte Zedernholzbrett bereitlegen (durch das Wasser treten die Aromastoffe an die Holzoberfläche und das Brett brennt im Grill nicht an). Das Muschelfleisch mit etwas Meersalz, Pfeffer und einer Prise Zitronengras würzen und auf das nasse Zedernholzbrett legen. Lauch und Fenchel putzen und in kleine Streifen schneiden.
2. Den Grill auf etwa 180 °C vorheizen. Die Grillschale mit etwas Butterschmalz und Kräuterbutter erhitzen, die Gemüsestreifen hineingeben und mit Salz, Pfeffer und frisch geriebener Muskatnuss würzen. Das Gemüse in der Schale anbraten, nach 6 Minuten das Zedernholzbrett mit den Jakobsmuscheln in den Grill geben und den Deckel schließen. Grillen, bis die Jakobsmuscheln auf Fingerdruck noch leicht federn. Das Gemüse sollte in der Zwischenzeit ebenfalls eine schöne Farbe bekommen haben.
3. In die Muschelschalen (oder auf einen kleinen Teller) zunächst das Lauch-Fenchel-Gemüse geben, anschließend die Jakobsmuschel auf das Gemüsebett setzen. Mit Chilifäden garnieren.

2. Gang: Rehkeule mit gefülltem Pilz und Drillingen

Zutaten (für 4 Personen):
1 Rehkeule am Knochen
etwas Rapsöl
1 Schuss Grappa
Rotwein
Zimtstangen, Nelken
4 große Wiesenchampignons
700 g Drillinge (kleine Kartoffeln mit Schale)
Salz, Pfeffer, Knoblauch

Für die Pilzfüllung:
Quark, Frischkäse, frische Kräuter (glatte Petersilie, Schnittlauch, Zitronenmelisse), Zucker, Salz, Pfeffer, würziger Bergkäse, Emmentaler, Frühlingszwiebel, Knoblauch, Edelpaprika

Zubereitung:
Die Rehkeule parieren, mit Rapsöl und Grappa einreiben und nach Geschmack würzen. Über Nacht wahlweise im Vakuumbeutel oder in einem Gefrierbeutel mit Rotwein, Zimtstangen und Nelken im Kühlschrank ziehen lassen.

Zubereitung Pilzfüllung:
1. Frischkäse, Quark und Kräuter vermischen, mit Zucker und zunächst wenig Salz abschmecken, pfeffern. Gehackte Frühlingszwiebel und Knoblauchzehe sowie geriebenen Bergkäse und Emmentaler unterheben. Vorsicht beim Abschmecken: Die Füllung sollte im Rohzustand noch nicht ihre endgültige Würze haben – der Käse zieht beim Grillen deutlich nach und „salzt“ die Füllung zusätzlich. Pilze aushöhlen und füllen. Mit einer Prise Edelpaprika bestreuen. Die Drillinge waschen und mit Knoblauch, Pfeffer und reichlich Salz marinieren.
2. Den Grill auf 130–140 °C vorheizen und die Keule indirekt grillen. Eine Schale mit Wein oder Wasser in den Grill stellen, um die Luftfeuchtigkeit zu erhöhen. Nach etwa 1,5–2 Stunden ist die Keule zart rosa. Die Kerntemperatur beträgt maximal 63 °C, gut durch ist die Keule ab 70 °C.
3. Die Kartoffeln im geschlossenen Grill bei 250 °C in einer Grillschale circa 20 Minuten grillen, bis sie Farbe angenommen haben und die Haut pergamentartig wird. Dann die Pilze in einer Grillschale dazustellen und zusammen circa 10 Minuten weitergrillen. Die Keule tranchieren und mit je einem Pilz und einer Portion Kartoffeln anrichten.

3. Gang: Williamsbirne mit Preiselbeersahne

Zutaten (für 4 Personen):
2 Williamsbirnen
mildes Chiliöl
200 ml Schlagsahne
1–2 EL gekochte Preiselbeeren
etwas Butter
weißer oder brauner Zucker
gemahlener Zimt

Zubereitung:
Die Williamsbirnen halbieren und entkernen, anschließend ganz dünn mit ein wenig Chiliöl bestreichen. Mit dem Fruchtfleisch auf den Grillrost oder auf eine gusseiserne Grillplatte legen und anschließend bei 200 °C und geschlossenem Deckel für 8–10 Minuten grillen, bis die Birnen bissfest sind. Sahne aufschlagen und je nach Geschmack 1–2 EL Preiselbeeren unterheben. Die Birnenhälften mit zerlassener Butter bepinseln und mit Zimtzucker bestreuen. Die kalte Preiselbeersahne einfüllen und die Birnen gleich servieren.

Kleine Kreationen – großer Genuss

Nicht immer müssen dicke Wildsau-Steaks über der Glut brutzeln. Auch mit feurigen Spießen, saftigen Burgern, schmackhaften Würstchen oder pfiffigen Beilagen können Sie bei der sommerlichen Grillparty beeindrucken. Mit diesen neun Rezepten klappt's.

Klassiker für jede Gartenparty

Wilder Hirschburger

Zutaten (für 4 Personen):

500 g Hirschhackfleisch
3 EL Semmelbrösel
1 Ei
2 Tomaten
2 Essiggurken
4 Blätter Kopfsalat
4 Burgerbrötchen
1 große Zwiebel
3 EL Olivenöl
Salz, Pfeffer
4 EL Ketchup

Zubereitung:

1. Das Hackfleisch mit Semmelbröseln und Ei zu einer glatten Masse verkneten. Mit Salz und Pfeffer würzen. Mit angefeuchteten Händen 4 flache Buletten formen. Auf einem Teller circa 30 Minuten ins Gefrierfach stellen.
2. Tomaten und Gurken in Scheiben schneiden, die Salatblätter waschen und trocken tupfen, die Burgerbrötchen halbieren. Die Zwiebel in dünne Ringe schneiden und mit 1 EL Öl mischen.
3. Den Grill auf circa 200 °C vorheizen und die Buletten direkt rund 5 Minuten von jeder Seite grillen. Die Zwiebelringe auf einer Grillplatte oder Pfanne goldbraun werden lassen. Die Burgerbrötchen mit den Schnittflächen nach unten auf dem Grillrost 1–2 Minuten grillen, bis sie goldbraun sind und Grillstreifen entstanden sind.
4. Die untere Hälfte der Burgerbrötchen mit Olivenöl beträufeln, mit Salat, Buletten, Tomaten, Gurken und Zwiebeln belegen. Zum Schluss Ketchup daraufgeben und mit den oberen Brötchenhälften abdecken.

Reh-Buletten

Zubereitung:

1. Das Brötchen in Wasser einweichen, ausdrücken und in kleine Stücke zupfen. Das Hackfleisch in eine Schüssel geben und mit Salz und Pfeffer würzen. Die klein geschnittene Zwiebel, das Brötchen, das Ei, die gehackte Petersilie und Senf dazugeben und kräftig miteinander vermengen. Eventuell etwas nachwürzen. Mit angefeuchteten Händen Buletten formen. Diese dann in Semmelbröseln wenden, so wird beim Grillen die Hülle um das Fleisch schön knusprig.
2. Den Grill auf ca. 200 °C vorheizen. Die Buletten etwa 6 Minuten auf jeder Seite grillen. Dazu schmeckt grüner Salat und Kartoffelsalat.

Zutaten (für 4 Personen):

1 Brötchen
500 g Rehhackfleisch
Salz, Pfeffer
1 Zwiebel
1 Ei
2 EL gehackte Petersilie
1 EL Senf, mittelscharf
Semmelbrösel

Würstchen selbst gemacht

Wildwürstchen aus eigener Herstellung sind ein ganz besonderer Genuss und kommen vor allem bei den Kleinen richtig gut an. Ein weiterer Vorteil: Es lassen sich Wildbretabschnitte verwenden, die zum Braten zu klein sind. Karl-Josef Fuchs verrät drei Würstelrezepte.

Zubereitung Würstchen:

Das sauber parierte Fleisch wird gut gekühlt durch die 2-Millimeter-Scheibe des Fleischwolfs gedreht. Wenn Knoblauchzehen im Rezept stehen, werden diese ebenfalls gewolft. Die Gewürze werden genau abgewogen und zugefügt. Nun werden das gewolfte Fleisch und die Gewürze so lange miteinander vermengt (mit der Hand oder in einer kleinen Küchenmaschine mit dem Knethaken), bis eine Bindung entsteht. Dann die im Rezept erwähnten Zutaten beigeben, nochmals kurz durchkneten. Sofort in 22-Millimeter-Saitlingsdärme abfüllen und in kleine Würste (wie Nürnberger Rostbratwürste) abdrehen. Diese müssen sofort gekühlt und am selben Tag entweder gegart (gegrillt, gebraten) oder eingefroren werden.

Bratwürstle vom Wildschwein Thüringer Art

Für 1 kg Brät:

500 g Wild (z. B. Wildschweinschulter oder -hals)
250 g Wildschweinbauch
250 g Hausschweinebauch (ersatzweise 50 % Wildbret und 50 % Hausschweinebauch)

Je kg Brät:

20 g Kochsalz
3 g Pfeffer
1 g Koriander
1 g Muskatnuss oder -blüte
1 Prise Kümmel
2–3 g Majoran, getrocknet
Abrieb von 1 Zitrone
1 Knoblauchzehe

Schwarzwälder Bratwurst – Wildwürste mit eingelegten Schwarzen Nüssen und Lauchzwiebeln

Für 1 kg Brät:

500 g Wild (beispielsweise Schulter/Hals von Wildschwein, Reh, Hirsch)
250 g Wildschweinbauch
250 g Hausschweinebauch (ersatzweise 50 % Wildbret und 50 % Hausschweinebauch)

Je kg Brät:

20 g Kochsalz
3 g Pfeffer
1 g Koriander
1 g Muskatblüte (Macis)
1 Frühlingszwiebel (in feine Scheiben geschnitten)
je 30 g Schwarze Nüsse und Walnüsse (grob gehackt)
evtl. Petersilie nach Geschmack

Wildwürste Toskana – „Salsiccia“

Für 1 kg Brät:

500 g Wild (beispielsweise Schulter/Hals von Wildschwein, Reh, Hirsch)
250 g Wildschweinbauch
250 g Hausschweinebauch (ersatzweise 50 % Wildbret und 50 % Hausschweinebauch)

Je kg Brät:

20 g Kochsalz
2 g Pfeffer
1,5 g Fenchelsamen (angeröstet)
1 Msp. Chili
50 g Mozzarella-Käse (in kleinen Würfeln)
1 getrocknete Tomate (in kleine Stücke geschnitten)
1 Knoblauchzehe

Zusätzlich (Menge je nach Geschmack):

Wacholder, Piment, schwarzer Pfeffer (in einer Pfanne anrösten, mörsern und sieben), Rosmarin

Geschmack am Spieß

Rehlachs am Rosmarinspieß

Zubereitung:
Das Rehfleisch in Stücke von 3 x 3 cm schneiden. Auf die gewässerten Rosmarinzweige aufreihen. Die Spieße mit etwas Rapsöl bestreichen, salzen, pfeffern und auf dem vorgeheizten Grill bei 200 °C direkt circa 4 Minuten rundum grillen. Um ein Anbrennen der Spieße zu verhindern, können diese mit Alufolie umwickelt werden. Gleichzeitig die mit Olivenöl bestrichenen Baguettescheiben auflegen.

Zutaten für 8 Spieße:
1 Rehrückenhälfte (circa 700 g)
8 Rosmarinzweige
etwas Rapsöl
Salz, Pfeffer
1 Stange Baguette
etwas Olivenöl

Hirschsatéspieße im Sesammantel

Zubereitung:

1. Den Hirschlachs auf 20 cm Länge schneiden. Dann in Längsstreifen von circa 0,5 cm Dicke und 3 cm Höhe schneiden. Die Streifen in die vorbereitete Marinade geben und 1 Stunde im Kühlschrank marinieren lassen. Bei Verwendung von Holzspießen sollten diese gewässert werden.
2. Den Grill auf 200 °C vorheizen. Etwas Sesamöl in eine Pfanne geben und die Sesamkörner anrösten. Das Hirschfleisch wellenförmig auf die Spieße aufziehen und in der Pfanne mit den gerösteten Sesamkörnern wenden. Danach die Marinade in die Pfanne geben und reduzieren lassen.
3. Die Ananas schälen und in Scheiben schneiden. Mit den Spießen auf den heißen Grill legen und direkt ungefähr 5 Minuten grillen. Zwischendurch mit der reduzierten Sesam-Marinade bestreichen. Zum Schluss die Spieße nochmals salzen und pfeffern.

Zutaten für 4 Spieße:

500 g ausgelöster Hirschrücken
etwas Sesamöl
80 g Sesamkörner
Salz, Pfeffer

Für die Marinade:

1/4 l Orangensaft
1 TL Ingwerpulver
2 TL Sojasauce
1 Msp. Chilipulver
1 TL Pfefferkörner
2 TL brauner Zucker

Beilage:

1 frische, süße Ananas

Fruchtige Wildschweinfiletspieße

Zubereitung:

1. Das Wildschweinfilet in etwa 4 x 4 cm große Stücke schneiden. Die Marinade anrühren. Etwas Marinade beiseitestellen, in der restlichen die Fleischwürfel 4 Stunden lang ziehen lassen. Ab und zu durchrühren. In der Zwischenzeit Ananas und Speckscheiben ebenfalls in 4 x 4 cm große Stücke schneiden.
2. Nach dem Marinieren die Fleischstücke abwechselnd mit Ananas und Speck auf die Spieße stecken, salzen, pfeffern und von allen Seiten jeweils 2–3 Minuten bei mittlerer Hitze (circa 200 °C) angrillen.
3. Für die Sauce die Banane mit Ahornsirup bestreichen, angrillen und anschließend in Scheiben schneiden. Wildfond mit Cranberries und der beiseitegestellten Marinade aufkochen lassen, reduzieren und die Bananenscheiben zufügen. Mit Salz abschmecken. Zum Servieren die Spieße mit Sauce beträufeln. Dazu passen mit Kräuterbutter bestrichene und auf dem Grill geröstete Ciabattascheiben.

Rezept Michael Stahl
Zutaten für 6 Spieße:
900 g Wildschweinfilet
1 Ananas
200 g Speck in Scheiben
Salz, Pfeffer

Für die Marinade:
6 EL Öl
2 EL Essig
15 EL lieblicher Rotwein
6 Wacholderbeeren
1 EL Cranberries
1 EL Senf, mittelscharf

Bunte Jägerspieße

Zubereitung:

1. Das Wildbret in etwa 3 x 3 cm große Stücke schneiden, ebenso die Ananas. Die gewässerten Holzspieße jeweils mit dem Fleisch, den Ananasstücken und der Cocktailtomate gleichmäßig bestücken, mit Öl bestreichen, salzen und pfeffern.
2. Den Grill auf 200 °C vorheizen und die Spieße 4–5 Minuten rundum direkt grillen. Beim Grillen auf einem Holzkohlegrill sollten zwei Wärmezonen eingerichtet sein. Tropft Fett in die Glut, kann der Spieß umgehend in eine „ruhigere“ Zone gelegt werden. Deshalb die Spieße beim Grillen immer im Auge behalten.

Zutaten für 4 Spieße:

300 g Hirsch- oder Rehfilet
300 g Wildschweinfilet
1/2 frische Ananas
4 Cocktailtomaten
Rapsöl
Salz, Pfeffer

Beilagen zu Wild

schnell gemacht & sehr lecker

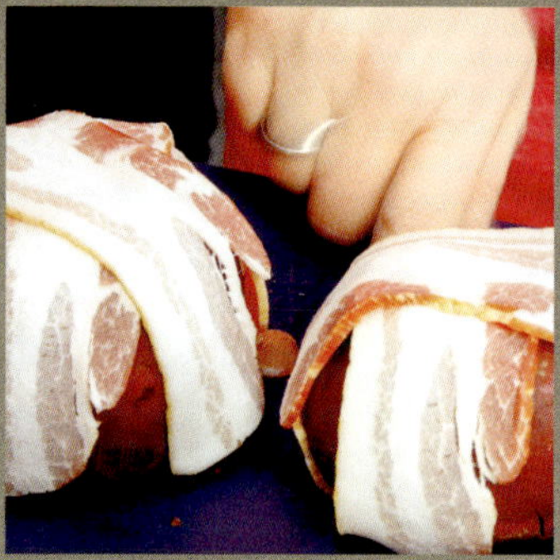

Rezept: Michael Stahl

Zutaten (für 4 Personen):

4 Rote Beten
300 g Kräuterfrischkäse
Olivenöl
1 Bund Frühlingszwiebeln, in Ringe geschnitten
Knoblauch, zerdrückt
Salz, Pfeffer, Chilipulver
8 Scheiben Bacon

Gefüllte Rote Bete

Zubereitung:

Die Roten Beten kochen und schälen oder bereits gekochte Rote Beten kaufen. Die Kugeln aushöhlen und für die Füllung den Kräuterfrischkäse, etwas Olivenöl, Frühlingszwiebeln, Knoblauch, Salz, Pfeffer und Chili mischen. Die Rote-Bete-Kugeln damit füllen und mit je 2 Scheiben Bacon bedecken oder umwickeln. Im geschlossenen Grill bei 200 °C backen, bis der Speck knusprig ist.

Kartoffelpuffer

Zutaten (für 4 Personen):

500 g Kartoffeln
1 Zwiebel
1 Ei
Salz, Pfeffer
Öl

Zubereitung:

1. Die Kartoffeln schälen und mit einer Reibe raspeln. Die Raspeln in ein sauberes Mulltuch geben, kräftig ausdrücken und die entstehende Flüssigkeit abgießen. In einer Schüssel die Raspeln auflockern. Die Zwiebel reiben und mit dem Ei unter die Kartoffeln mischen, kräftig salzen und pfeffern.
2. Circa 3 EL Öl auf der Grillplatte erhitzen und darauf je 1 gehäuften EL Kartoffelteig geben. Den Teig etwas flach drücken und solange grillen, bis die Unterseite goldbraun ist und sich ein brauner Rand an der Oberseite zeigt. Danach die Kartoffelpuffer wenden und goldbraun fertig grillen

Salbei-Polenta

Zubereitung:

1. Den Maisgrieß unter Rühren mit dem Schneebesen in 600 ml kochendes Salzwasser geben. Bei kleiner Hitze und gelegentlichem Umrühren circa 5 Minuten quellen lassen. Salbeiblätter in kleine Streifen schneiden, kurz in Olivenöl anbraten und mit dem Parmesan unter die Polenta rühren.
2. Danach die Polenta auf ein gefettetes Backblech gegeben, mit Frischhaltefolie abdecken und mit einer Kuchenrolle circa 1,5 cm dick auswalzen. Zum Abkühlen für 30 Minuten beiseitestellen. Dann Kreise von 6–8 cm Durchmesser ausstechen, eventuell mit einem Glas (es können auch Quadrate geschnitten werden). Den Grill auf 220 °C vorheizen. Die ausgestochenen Polenta-Taler circa 20 Minuten grillen.

Zutaten (für vier Personen):

150 g Maisgrieß (Polenta)
600 ml Wasser
2 EL Salz
20 Salbeiblätter
2 EL Olivenöl
2 EL geriebener Parmesan

Gefüllte Kartoffeln

Zutaten (für 4 Personen):

6 große Kartoffeln
Salz, Pfeffer, Olivenöl
75 g roher (Wild-)Schinken
1 kleine Zwiebel, gewürfelt
1 EL Sonnenblumenöl zum Anschwitzen
60 g Parmesankäse

Zubereitung:

1. Die gewaschenen, ganzen Kartoffeln mit Salz und wenig Olivenöl einreiben. Im Ofen bei 180° C auf einem Blech ungefähr 30 Minuten garen (zur Probe einstechen), danach etwas abkühlen lassen.
2. Die lauwarmen Knollen halbieren und mit einem Löffel aushöhlen. Die Kartoffelschiffchen mit einer Mischung aus Schinken und in Öl angeschwitzten Zwiebeln füllen, mit Salz und Pfeffer abschmecken und zum Schluss Parmesankäse darüberreiben. Im Kugelgrill oder im heißen Ofen goldbraun gratinieren.

Krautsalat

Zutaten (für 4 Personen):
1 Kopf Weißkohl (ca. 600 g)
1 große Zwiebel
1 Apfel
3 TL Salz
2 EL Zucker
1 TL Kümmelsaat
6 EL Weinessig
6 EL Öl

Zubereitung:
Den Weißkohl halbieren und den Strunk entfernen. Den Kohl in dünne Streifen hobeln oder mit einem Messer schneiden. Die Zwiebel und den Apfel schälen und fein raspeln. Mit dem Kohl vermengen, mit Salz und Zucker vermischen und mit einem Kartoffelstampfer klopfen, bis etwas Flüssigkeit entsteht und das Kraut weicher wird. Nun können die Gewürze besser einziehen. Kümmelsaat, Essig und Öl zugeben und kräftig vermengen. Eventuell nachwürzen. Sehr gut schmeckt der Krautsalat, wenn er einen Tag durchziehen kann.

Kartoffelsalat „Badische Art“

Zutaten (für 4 Personen):
800 g gekochte Kartoffeln
1 Zwiebel
400 ml Fleischbrühe
1 EL Senf, mittelscharf
6 EL Apfelessig
6 EL Sonnenblumenöl
4 EL gehackte Petersilie
evtl. 4 EL rohen und gekochten Schinken (gemischt), in etwas Öl angeschwitzt

Zubereitung:
Die Kartoffeln schälen und in feine Scheiben schneiden. Die Zwiebel abziehen und fein würfeln, in etwas Öl glasig anschwitzen. Die Kartoffeln mit allen Zutaten, außer mit dem Sonnenblumenöl, vermengen. Nach einer Stunde den Salat noch einmal abschmecken. Das Öl erst kurz vor dem Servieren dazugeben, so bekommt der Kartoffelsalat einen schönen Glanz.

Nudelsalat „Cajun-Style“

Zutaten (für 4 Personen):
300 g Nudeln
2 Stangen Staudensellerie
je 1 kleine Paprikaschote (grün, gelb, rot)
1 kleine Zwiebel
1 Knoblauchzehe
4 EL Öl (z.B. Sesamöl)
1/2 TL Chilipulver oder 1 frische, fein gehackte Chilischote
1/2 TL Paprikapulver, edelsüß
1 TL fein gehackte Mandeln
1/2 TL Kurkuma
3 Msp. Kreuzkümmel
2 Msp. gemahlener Piment
3 Msp. gemahlener Koriander
1 EL Honig oder Ahornsirup
1 TL Zitronensaft
2 EL Kokosmilch

Zubereitung:
1. Die Nudeln in Salzwasser kochen (sehr gut geeignet sind „Spirelli“ oder „Penne rigate“). Staudensellerie, Paprikaschoten und Zwiebeln putzen, klein würfeln und zusammen mit dem Knoblauch in etwas Öl anschwitzen.
2. Danach die Gewürze und restlichen Zutaten mit dem Gemüse vermengen. Diese Marinade über die frisch gekochten Nudeln geben und vermengen. Mit den Sellerieblättern und eventuell mit Koriander garnieren.

Glut & Eisen

Damit aus rohem Wildbret ein zauberhaftes Gericht wird, braucht es die entsprechende Vorbereitung und Ausrüstung. Im folgenden Kapitel erfahren Sie daher alles Wissenswerte zu den verschiedenen Grillverfahren und den geeigneten Geräten – vom Anzünder bis zum Premiumgasgrill.

SICHERHEITS
BRENNPASTE
Grill-Holzkohle
aus Laubholz
NZÜNDER
Würfel

Grillen oder Barbecue?

Häufig werden die Begriffe „Grillen“ und „Barbecue“ (BBQ) irrtümlich für ein und dieselbe Sache verwendet: Das Grillen auf dem Rost, meist über Holzkohle. Doch es gibt einen grundlegenden Unterschied.

Üblicherweise ist „Grillen“ das schnelle Garen bei großer Hitze (160–300 °C) direkt und mit relativ kurzem Abstand (in der Regel nur etwa eine Handbreite) über der Hitzequelle. Bei diesem sogenannten „direkten Grillen“ ist die Einwirkung der Wärmestrahlung auf das Grillgut am stärksten und ideal für zerlegtes Fleisch, das etwa fingerdick zugeschnitten ist. Die Garzeit beim direkten Grillen beträgt höchstens 30 Minuten. Die Stücke werden nur einmal gewendet. Mit dieser Methode lassen sich auch Bratenstücke anbraten, bevor sie bei niedrigen bis mittleren Temperaturen fertig garen.

Barbecue hingegen ist das langsame und sanfte Garen in der gemäßigten Hitze (80–160 °C). Das Grillgut liegt dabei nicht direkt über der Hitzequelle, sondern daneben. Bei den meisten Grills befindet sich direkt unter dem Grillfleisch eine Tropfschale, die austretendes Fett oder Fleischsaft auffängt. Mit dieser Methode, dem indirekten Grillen, wird jedes Fleisch sehr zart und erhält einen aromatischen Geschmack. Charakteristisch für die indirekte Methode sind Grills mit Deckel, wie etwa der Kugelgrill. Der geschlossene Deckel reflektiert die Hitzequelle und ähnelt dadurch dem Funktionsprinzip eines Umluft-Backofens. So wird das Grillgut gleichmäßig und ohne Wenden bei etwa 150 °C gegart. Auf diese Art und Weise werden auch größere Fleischstücke, wie ganze Hühnchen, Enten und Spareribs besonders zart und saftig. Durch die indirekte Methode wird bei Temperaturen von 60–90 °C auch Räuchern möglich. Dabei wird die Glut genauso wie beim Barbecue eingesetzt. Einziger Unterschied: Sämtliche Lüftungsklappen am Grill müssen geschlossen werden. Das ermöglicht eine starke Rauchentwicklung. Mit der Auswahl besonders geeigneter Räucherhölzer kann man sowohl die Intensität des Rauches als auch die Geschmacksrichtung bestimmen.

Barbecuen und Smoken – Zeitlose Zubereitung

Die Steigerung eines geschlossenen Grillsystems erhält man bei einem sogenannten Smoker. Die durch die Materialstärke bedingte gute Hitzespeicherung und -abgabe bei klassischen Smokern macht es möglich, auch über einen längeren Zeitraum von 10–20 Stunden ein größeres Stück Fleisch zu barbecuen. Die Ergebnisse sind vom Geschmack und von der Zartheit des Grillgutes einzigartig. Smoker werden hauptsächlich im Niedertemperaturbereich verwendet. Temperaturen zwischen 80–120° C sind dabei die Regel. Sie eignen sich auch besonders für das Räuchern. Für Kurzgegrilltes bietet sich dabei der Grillrost über der direkten Glut in der Brennkammer an (Fettbrand beachten). In den letzten Jahren hat sich bei den Smokern eine weitere Kategorie entwickelt, die so genannten Pelletsmoker. Diese mit Holzpellets oder Holzchips betriebenen Geräte erfreuen sich immer größerer Beliebtheit, da die Temperatur bequem elektronisch gesteuert werden kann.

Deutlich zu erkennen: Beim Smoker liegt die Brennkammer neben dem Grillraum. Das Grillgut wird durch Hitze und Rauch gegart sowie geräuchert. Smoker eignen sich besonders für Grillgut in ganzen Stücken. Wichtigstes Qualitätskriterium beim Smoker ist die Materialstärke der Wandungen. Diese sollte zwischen vier bis sechs Millimetern liegen. Dünnwandigere Smoker sind besonders für Einsteiger geeignet. Wichtig: Nicht gucken! Die Garkammer bleibt grundsätzlich während des Garvorganges geschlossen – jedes Öffnen verlängert die Garzeit im Schnitt um eine Viertelstunde!

Grillen ist gesund

Grillen zählt generell zu den gesündesten und bekömmlichsten Zubereitungsarten – vorausgesetzt man beachtet ein paar einfache Regeln. Denn im Gegensatz zum klassischen Braten kommt man dabei mit sehr wenig Fett oder Öl aus. Grillen ist nicht nur eine der ältesten Zubereitungsformen, sondern auch besonders kalorienarm und gut verträglich. Die Speisen werden nicht im Fett gebraten, sondern lediglich durch die angestrahlte Hitze der Glut, des Feuers oder der Gasflamme erhitzt. Auf Fett kann man dabei größtenteils verzichten. Dennoch gerät das Grillen immer wieder in die Schlagzeilen: Da ist die Rede von der Bildung gesundheitsschädigender Stoffe, die aber mit dem Grillen an sich im Grunde gar nichts zu tun haben. Krebs erregende Stoffe bilden sich immer dann, wenn Fett verbrennt – also auch in der Pfanne. Jedoch lassen sich diese beim Grillen vermeiden: Zum Beispiel durch die Methode des indirekten Grillens.

Direkt Grillen: kurze Grillzeit bei hoher Hitze

Direktes Grillen ist die richtige Methode zum Anbraten und für Kurzgebratenes. Das Fleisch oder Wildbret liegt dabei direkt über der Glut. Zwischen glühender Kohle und Rost sollte mindestens eine Handbreite Abstand herrschen, sodass am Rost eine Temperatur von 300–350 °C entsteht. Die hohe Temperatur sorgt für ein ausgeprägtes Branding, welches für das gewünschte Grillaroma verantwortlich ist. „Direkt grillen" bedeutet stets „auf Sicht grillen", damit das Fleisch nicht anbrennen kann, aber auch Fettbrand verhindert werden kann. Dazu sollte die in mindestens zwei Hitzezonen eingeteilte Grillfläche nicht zu klein sein. Eine Variante ist das Spießgrillen, wie es auch beim sogenannten Steckerlfisch angewendet wird. Direkte Grills sind meistens Holzkohlegrills, doch auch Elektrogrillgeräte und einige Gasgrills zählen zu dieser Kategorie.

Vorsicht Fettbrand

Beim direkten Grillen besteht immer die Gefahr, dass austretendes Fett, Fleischsaft oder Marinade in die Wärmequelle gelangt und dort verbrennt. Dabei kommt es zur Bildung von gesundheitsschädigenden polyzyklisch aromatischen Kohlenwasserstoffen (PAK). Mit dem aufsteigenden Rauch gelangen diese ans Fleisch. Der bekannteste PAK-Vertreter ist Benzpyren. Deshalb sollte man bei entstehenden Fettflammen das Grillgut vom Rost nehmen oder in eine „ruhigere Ecke" schieben.

Eine raffinierte Lösung zur Vermeidung von Fettbrand bei Gasgrillgeräten: Ein Trichter, der über den Ringbrennern steht, leitet das abtropfende Fett in eine Auffangschale. Das so gesammelte Fett eignet sich hervorragend als Grundlage für eine Sauce.

Direktes Grillen: Das Fleisch liegt über der Glut. Eine Handbreite Abstand sollte zwischen Grillrost und Grillkohle eingehalten werden.

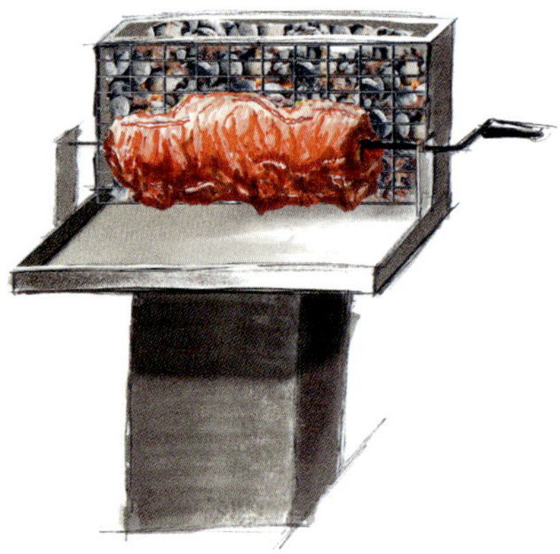

Eine Variante beim direkten Grillen: Die Hitzequelle ist vertikal angeordnet. Erhältlich bei Holzkohlegrills und bei Gasgrills mit dem besonderen Vorteil, dass abtropfendes Fett nicht in die Glut gelangen kann.

Indirektes Grillen und Barbecuen: Längere Grillzeit bei niedriger Hitze

Diese Methode bietet sich besonders für alle Fleischteile an, die dicker sind als eine Handkante. Ganze Bratenstücke, wie Wildkeulen, Rücken oder komplette Wildenten sowie dicke Steaks können damit zubereitet werden. Das Grillgut liegt dabei über einer mit Flüssigkeit (Wasser, Saft, Wein usw.) gefüllten Schale. Wird der Deckel des Grills verschlossen, entsteht ein geschlossenes System, ähnlich eines Backofens. Bei unter 160 °C wird das Grillgut nicht nur einseitig, sondern rundherum erhitzt. Der große Vorteil dieses Systems ist auch dessen Vielseitigkeit. Direktes Anbraten bei hoher Hitze, danach Barbecuen bei unter 160 °C. Auch das Räuchern ist bei geschlossenem Deckel möglich, sofern die Geräte über einen solchen verfügen. Die meisten Grills in diesem Segment werden mit Gas betrieben. Mittlerweile gehört ein Deckel aber auch zur Ausstattung vieler Holzkohlegrills. Auch Elektrogrills sind häufig bereits mit Deckel erhältlich.

Indirektes Grillen mit geschlossenem Deckel: Das Grillgut befindet sich über einer mit Flüssigkeit gefüllten Schale. Die Glut ist seitlich verteilt. Als Erfinder dieser Grillmethode gilt die US-Firma Weber. Die sogenannte Weberkugel ist als richtungsweisende Entwicklung für das Grillen und Barbecuen anzusehen.

Grilltypen

Die Qual der Wahl

Eine Entscheidung, die nicht nur Grillneulingen schwer fallen dürfte. Welcher Grill ist der richtige? Der schnelle Elektrogrill, ein spannender Holzkohlegrill, ein komfortabler Gasgrill oder vielleicht sogar ein archaisch anmutender Barbecue-Smoker? Dies ist eher eine Frage des Naturells und persönlicher Vorlieben. Wir geben Ihnen auf den folgenden Seiten eine Entscheidungshilfe.

Der Elektro-Grilltyp

Grillen ist für Sie keine Philosophie, sondern lediglich eine Garmethode, mit der man Fleisch und Gemüse knusprig zubereiten kann. Das Schleppen von Gasflaschen ist Ihnen ebenso verhasst wie das Hantieren mit Anzündern und Holzkohle. Stecker rein, grillen, Stecker raus – und das alles auch noch nachbarschaftstauglich. Wenn man anschließend die Roste in die Spülmaschine stecken kann – umso besser. Während andere Anheizen, Überwachen, Bepinseln, Reinigen und Verstauen, gönnen Sie sich bereits einen Verdauungsspaziergang.

Elektrogrills eignen sich vor allem für den Einsatz im Haus und auf dem Balkon. Handelsübliche Geräte sind bis auf wenige Ausnahmen sogenannte Kontaktgrills. Dies bedeutet, dass das Fleisch auf einer geschlossenen Platte gegart wird. Richtig schnell geschieht dies mit „Sandwich-Grills". Dort wird das Grillgut zwischen zwei heiße Platten geklemmt und dann von beiden Seiten gleichzeitig begrillt. Seit geraumer Zeit sind auch Elektrogrills am Markt, mit denen man nicht nur grillen, sondern auch barbecuen kann.

Grillkomfort für den Balkon

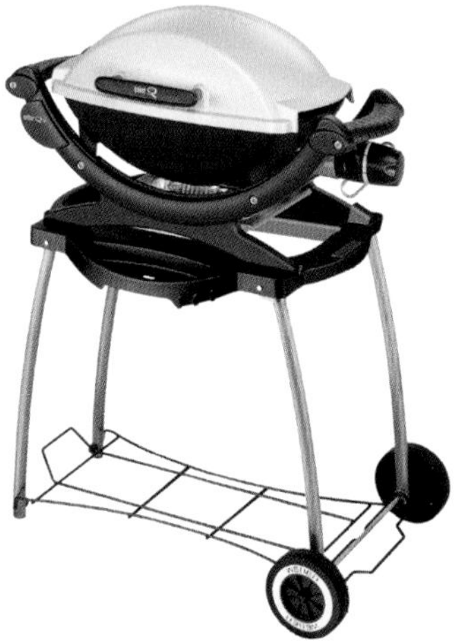

Bewährtes Trichtersystem auch beim Elektrogrill

Watt satt!

Bei einem Elektrogrill zählt die Leistung. Soll er richtig knusprige Ergebnisse liefern, braucht es Hitze. Und vor allem muss sie konstant gehalten werden, wenn das kalte Grillgut auf die Platten gelangt. Als Richtwert gelten mindestens 180–200 °C. Besonderes Augenmerk gilt auch der Reinigung: Lassen sich die Platten abnehmen und eventuell sogar in der Spülmaschine reinigen? Fest montierte Platten haben den Nachteil, dass sie nicht unter fließendem Wasser gereinigt werden können. Zudem sollte das Gerät Fett ableiten anstatt es zu verbrennen. Liegt die Heizstange ungeschützt unter dem offenen Rost, ist dies genauso ungesund wie Fett, dass direkt in die Glut eines Holzkohlegrills tropft. Am besten sind geschlossene Grillplatten, die im Ganzen erhitzt werden und die das Fett seitlich, unten oder vorne auffangen.

Der Holzkohle-Grilltyp

Sie nehmen sich viel Zeit und lieben das Ritual? Dies beginnt bereits mit dem Entzünden der Kohle und dem Warten auf die perfekte Glut. Ein echtes Feuer muss es sein. Statt an einem Knopf zu drehen, um die Temperatur zu regeln, finden Sie lieber selbst heraus, wie man mit Hilfe von Luftklappen die Hitze regelt. Wenn die Glut leise knackt und knistert, sind Sie in Ihrem Element. Sie zelebrieren Ihre Speisen vom Grill, probieren gerne Neues aus und zaubern auch schon mal ein ganzes Menü. Etwas Rauchentwicklung gehört für Sie ebenso dazu wie die intensive Zuwendung, die Ihr Grillgut benötigt. Dass nach dem Essen die Reinigung der Gerätschaften einiges an Zeit in Anspruch nimmt, stört Sie nicht wirklich. Selbstverständlich gehört so ein Holzkohlegrill ins Freie, an einen windgeschützten Platz auf festem ebenen Untergrund. Echte „Allrounder" unter den Holzkohlegrills verfügen über einen Deckel. Am beliebtesten sind Kugelgrills. Mit diesen lässt sich sowohl direkt, als auch indirekt grillen, ebenso warm räuchern.

Wirklich gute Kugelgrills verfügen über klappbare Roste für das Gargut. So hat man leichten Zugriff auf die Grillkohle, beziehungsweise separat angebrachte Glutkörbe. Über Belüftungsschlitze im Unterteil oder im Deckel wird die Luftzufuhr geregelt. Das Prinzip „Kugelgrill" ist auch als viereckige Variante erhältlich.

Eine rückenfreundliche Arbeitshöhe erlaubt auch ein längeres Stehen am Grill und das One-Touch-System aus Edelstahl vereinfacht die Temperatursteuerung, ohne dass dafür der Grillrost in der Höhe verstellt werden muss.

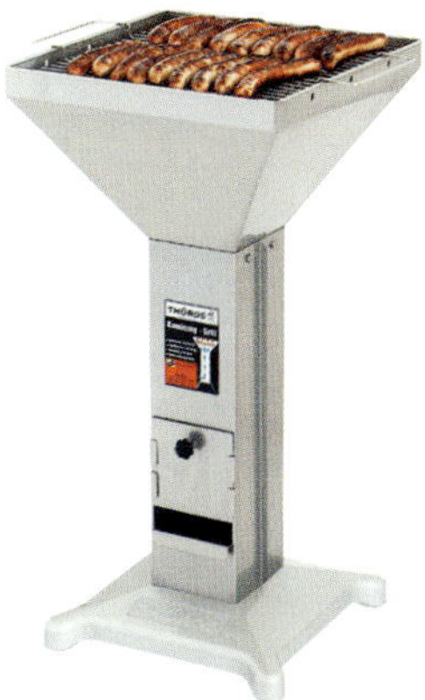

Der Kaminzuggrill aus Edelstahl ist serienmäßig mit einer Kohleschale aus FAL-Blech und einer Aschelade aus Edelstahl ausgestattet. Interessant sind auch die Ausbauoptionen des Grills zum Räuchern oder Spießgrillen.

Auffallend sind die praktischen Seitenablagen. Durch den höhenverstellbaren Rost erreicht man beim direkten Grillen ein etwas breiteres Temperaturspektrum.

Der Gasgrill-Typ

Sie sind eher für das komfortable und saubere Grillen zu haben? Dann sollte Ihre Wahl auf einen Gasgrill fallen. Damit sparen Sie sich schwarze Hände und vom Rauch gerötete Augen. Grillen per Knopfdruck, lautet hier die Devise. Und nach dem Essen – einfach abschalten, die Roste rausnehmen, säubern, fertig.

Die präzise Zubereitung des Essens wird durch die einfache Temperaturregelung ermöglicht. Fünf bis zehn Minuten reichen in der Regel aus, um den Gasgrill auf volle Betriebstemperatur zu bringen. Die übliche Grillhitze liegt bei 220–250 °C. Ohne Probleme lassen sich auch 300 °C und mehr erreichen, wenn man mit einem geschlossenen Modell grillt.

Mit einem qualitativ guten Gasgerät lässt sich die Hitze sehr exakt dosieren. Ein Dreh am Brennerknopf genügt, um die Temperatur von 250 °C auf 180 °C zu reduzieren oder umgekehrt. Genauso einfach wie das Anheizen ist das Abschalten. Gasflasche zudrehen und die Brenner sind aus. Nach einer vergleichsweise kurzen Abkühlphase kann man das Gerät reinigen. Die meisten Modelle besitzen einen Deckel. Mit diesen sind mehrere Garmethoden, bis hin zum Barbecuen möglich.

Unser Tipp:
Ein qualitativ guter Gasgrill sollte sich stufenlos regeln lassen. Ideal sind auch mehrere Brenner und die Möglichkeit, die Temperatur im Garraum auf Barbecueniveau, um die 100 °C, einstellen zu können. Komfortabel ist eine elektronische Piezozündung. Eine Sicherheitszündung ist wünschenswert – erlischt die Flamme, wird die Gaszufuhr unterbrochen. Ein wichtiger Aspekt ist der Reinigungsaufwand. Viele Gasgrills sind derart „verbaut“, dass man mit deren Reinigung mehrere Stunden zubringt.

Zukunftsweisend - der Pelletgrill

Bei einem Holzpelletgrill werden die Aromaeigenschaften von Holzkohlegrills mit der einfachen Handhabung von Gasgrills kombiniert. Die Technik ist sehr einfach zu bedienen und deshalb auch für Leute von Vorteil, die keine eingefleischten Barbecuer sind.

Der Smoker-Typ

Ein normaler Grill reicht Ihnen nicht, Sie suchen das Besondere? Wenn Sie dann auch noch Ihre Gäste mit einem besonderen Geschmackserlebnis überraschen wollen, sind Sie wohl eher der Smoker-Typ. Gemütlichkeit ist dabei oberstes Gebot. Denn die Speisen können im Smoker über Stunden hinweg warm gehalten werden, ohne auszutrocknen. Dass Sie andererseits für diesen Luxus früher mit den Vorbereitungen beginnen müssen als „normale Griller", darf Sie nicht stören. Das morgendliche Hacken des Holzes und Einfeuern des Smokers, das Einlegen der Speisen zu einer Zeit, in der Ihre Nachbarn vielleicht erst frühstücken, gehört zum „Gesamterlebnis Smoker" dazu. Im Gegenzug erwartet Sie ein Geschmackserlebnis der Extraklasse! Barbecue-Smoker nach amerikanischem Muster sind imposante Erscheinungen. Mit Gewichten von 150 Kilogramm bis 3,5 Tonnen repräsentieren diese dampflok-ähnlichen Kolosse wie kein anderes Grill- oder Barbecue-Gerät den amerikanischen Lebensstil. Ein Hauch Wild-West, mächtig und beeindruckend zugleich.

Ein Barbecue-Smoker bietet insgesamt vier Garmethoden: Direktes Grillen auf dem Grillrost über der Feuerbox, indirektes Grillen in der Garkammer bei hohen Temperaturen oder ein echtes Barbecue bei maximal 120 °C. Außerdem: Das Warmräuchern bei Temperaturen zwischen 60–80 °C. Das Funktionsprinzip ist einfach, aber genial. An der Seite befindet sich die Feuerbox, in der man eine Glut und – je nach Gusto mittels aromatischer Hölzer – einen feinen Rauchgeschmack erzeugt. Je nach gewünschter Temperatur oder Garmethode bleibt die Feuerbox geöffnet oder wird teilweise oder ganz geschlossen. In der Mitte des Smokers befindet sich die eigentliche Garkammer. Darin werden Fleisch, Fisch und Beilagen gleichzeitig zubereitet. Durch den permanenten Warmluftaustausch findet keine Geschmacksübertragung einzelner Nahrungsmittel untereinander statt.

Klopftest

Die Qualität eines Barbecue-Smokers hängt wesentlich vom verwendeten Material ab. Wichtig hierbei ist die Stärke der Stahlwandung (siehe Seite 81). Diese stellt sicher, dass das Gerät die Wärme über lange Zeit konstant speichert. Ein „Klopftest" hilft: Klingt der Smoker wie eine leere Blechbüchse, dann taugt er nichts.

Pflegeleicht

Ein Smoker ist im Grunde unverwüstlich. Dennoch sollte man die Asche noch am gleichen Tag entfernen. Mit einem Hochdruckreiniger, besser noch mit einem Heißwasserreiniger, lässt sich der Smoker problemlos auch von innen reinigen.

Ein preiswerter Smoker für Einsteiger und diejenigen, die nur ab und zu reales Barbecue genießen wollen.

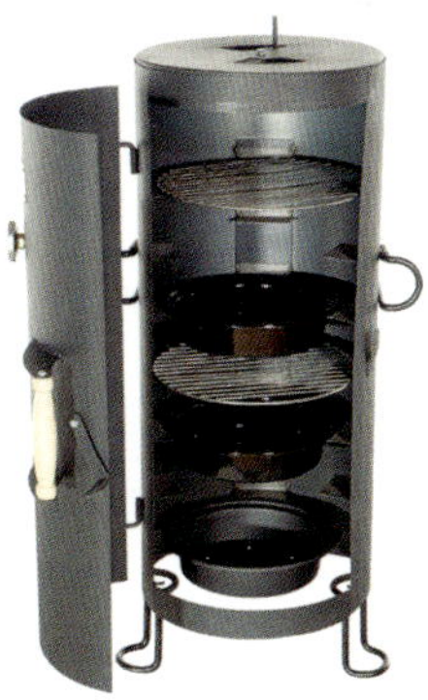

Ein sogenannter Water-Smoker: Das Grillgut befindet sich über der Glut, dazwischen steht eine Wanne mit Flüssigkeit, die für ein ideales Garklima sorgt.

Grillaroma –

– der Rost entscheidet

Guter Geschmack entsteht nicht zuletzt durch den Grillrost. Aber Rost ist nicht Rost. Welche Unterschiede es dabei gibt, erklärt Grillexperte Elmar Fetscher.

„Grill“ kommt aus dem Englischen und bedeutet Rost. Gemeint ist der Grillrost, auf dem nahezu alle Nahrungsmittel zubereitet werden können. Reduziert man diese Speisezubereitung auf ihr physikalisches Prinzip, ist sie ein Garen mittels direkter Hitzebestrahlung, die das Lebensmittel durch hohe Temperatur röstet. Für das einzigartige Grillaroma sorgen die dabei entstehenden Röststoffe.

Dies wiederum beruht auf einem chemischen Prinzip, der sogenannten Maillard-Reaktion. Die intensiven Aromen entstehen durch die Umsetzung reduzierender Zucker mit Aminosäuren. Diese spielen eine zentrale Rolle bei der Freisetzung vielfältiger Aromastoffe und brauner Pigmente, den Melanoidinen. Hauptverantwortlich für diese besonderen Aromen ist das Material des Grillrostes.

Roste aus **Aluminium-Druckguss** haben den Vorteil, nicht so schwer zu sein. Deshalb werden sie gerne auch für Campinggrills verwendet. Manche besitzen zusätzlich eine Antihaftbeschichtung, damit sich das Grillgut leicht vom Rost lösen lässt. Warmes Wasser, ein mildes Spülmittel und ein weicher Schwamm reichen aus, um den Rost zu reinigen. Hartnäckige Verkrustungen lassen sich durch vorheriges Einweichen besser lösen. Bürsten oder scharfe Reiniger aus dem Geschirrspüler sind weniger geeignet, da sie die Oberfläche beschädigen, beziehungsweise angreifen können.

Äußerst robust sind Grillroste aus **poliertem Stahl**. Sie vetragen die Geschirrspülmaschine genauso wie das Reinigen mit einer Messingbürste. Allerdings können sich diese Roste bei großer Hitze unschön verfärben. Aus diesem Grund sollten sie nicht im Freien aufbewahrt werden, damit sie nicht oxidieren.

Die meisten Grillgeräte besitzen Roste aus **verchromtem Stahl.** Diese sind optisch sehr ansprechend.

Gereinigt werden sie mit Spülmittel und -bürste. Bei der Verwendung einer Stahlbürste kann das Chrom zerkratzen oder ganz weggescheuert werden, wodurch sich am Grillrost Korrosionsschäden zeigen können.

Aus **Edelstahl** gefertigte Grillroste sind massiv, schwer und nahezu unverwüstlich. Ihre glatte Oberfläche lässt sich einfach reinigen. Harte Bürsten, starke Reinigungsmittel oder die Geschirrspülmaschine können ihnen nichts anhaben. Einmal auf Temperatur gebracht, leitet der Edelstahlrost die Hitze gleichmäßig an das Grillgut ab. Dadurch entsteht das typische „Branding“ (Grill-Rost-Muster). Edelstahlgrillroste sind korrosionsfrei und lebensmittelecht. Somit sind diese auch resistent gegen säurehaltige Marinaden.

Gusseisen wird häufig für hochwertige Grillroste verwendet. Ein reiner Gusseisenrost ist offenporig, was die Pflege etwas komplizierter macht. Spül- oder sonstige Reinigungsmittel können Rückstände hinterlassen. Deshalb sollte der Rost nur mit kochendem Wasser und einer Messingbürste behandelt werden. Ist der gusseiserne Grillrost aber erst mal richtig „eingebrannt“ und verfügt über eine gewisse Patina, wirkt diese fettabweisend und belohnt die Mühe mit einem schönen Grillmuster auf dem Fleisch. Allerdings sind Gusseisenroste korrosionsanfällig und sollten nach Gebrauch mit Öl (zum Beispiel Erdnussöl) eingerieben werden. Vorsicht: Schlägt Gusseisen auf harten Untergrund, kann es leicht brechen!

Gusseisen ist eine Eisenlegierung mit einem hohen Anteil von Kohlenstoff und Silizium sowie Mangan, Chrom oder Nickel. Das Material hat mit etwa 1 150 °C einen deutlich geringeren Schmelzpunkt als Stahl, lässt sich jedoch durch den hohen Kohlenstoffgehalt nicht schmieden. Daher wird es in eine Form gegossen. Die Qualität von Grillrosten aus Gusseisen hat seinen Preis, da nur einwandfreies Rohmaterial verwendet wird. Teilweise sind im Handel auch günstige Angebote zu finden, bei denen man aber nicht sicher sein kann, dass das Gusseisen seinen Ursprung nicht in Eisenteilen vom Schrotthändler gefunden hat.

Einige Hersteller bieten **emaillierte Roste** an, vorzugsweise aus Gusseisen oder Aluminium. Emaille ist eine glasharte, rostfreie Schutzschicht, die auf Metalloberflächen aufgebrannt wird. Die sehr glatte Oberfläche neigt wenig zum Verschmutzen und das Grillgut haftet nicht so leicht an ihr. In der Regel genügt ein wenig Spülmittel zur einfachen Reinigung. Emaille ist temperaturbeständig und zudem säureresistent. Bei starkem Stoß zerbricht sie jedoch und blättert ab.

Das typische Grillaroma

Durch die Maillard-Reaktion entstehen an der Oberfläche des Bratguts Verbindungen aus Eiweißen, Fetten und Zuckern, die für die Bräunung und den typischen Geschmack verantwortlich sind. Beim Braten von Gemüse mit geringem Eiweißanteil entstehen Bräunung und Aroma vor allem durch Karamellisierung.

Grillroste gibt es aus verschiedenen Materialien, v.l.: Gusseisen, Stahl und Edelstahl

Praktische Helfer fürs Grillen

Um das Grillgut auch perfekt zubereiten zu können, bieten die Grillmarkenhersteller ein umfangreiches Zubehörprogramm an. Wir zeigen Ihnen hier eine Auswahl an nützlichem und wichtigem Zubehör fürs Grillen und Barbecuen.

Grillhandschuhe
Für alles Heiße – robuste Grillhandschuhe

Grillbürste mit Wechselköpfchen
Stabile Messingbürste mit auswechselbarem Bürstenkopf

Tipp: Emaillierte oder verchromte Grillroste nie mit einer Stahlbürste reinigen, weil es die Beschichtungen zerstört.

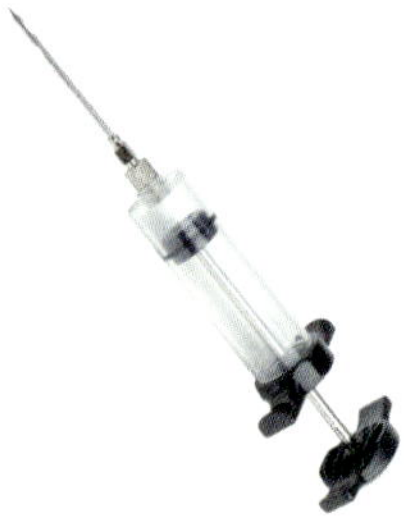

Der richtige Impfstoff
Um noch etwas mehr Geschmack an und vor allem in das Wildbret zu bringen, ist eine Spritze für eine Marinadeninjektion nötig.

Hier gibt's was auf die Pfanne
Wichtiges Zubehör für das Kochen im Freien sind Pfannen und Bleche für den Grill. Auf einem Lochblech lässt sich besonders gut eine Pizza backen. Liebt man den asiatischen Kochstil, ist ein Wok zu empfehlen. Eine kleinere Eisenpfanne ist ideal für das Anrösten und Saucen machen.

Grillzange mit Stil
Ergonomisch geformte Grillzange für großes und kleines Grillgut

Die Praktische
Gusseiserne Grillplatten verteilen die Wärme gleichmäßig und sind zusätzlich ein guter Hitzespeicher. Ideal auch bei der Zubereitung von kleinerem Grillgut.

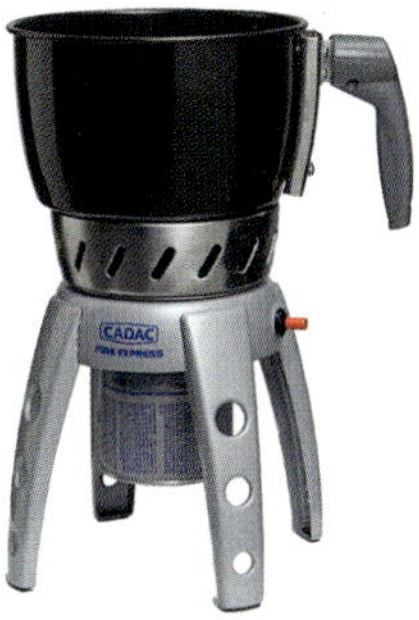

Schnell zur Glut

Grillanzünder und Anzündkamin vereinfachen das Entfachen von Grillkohle und Brikett (siehe auch Seite 94). Für längeres Grillvergnügen: Praktischer Anzündkamin mit Gasbrenner. Wenn die Glut im Grill weniger wird, kann man vorgeglühte Kohle aus ihm nachfüllen, ohne den Grillvorgang zu unterbrechen.

Barbecue-Tipp: Beim Grillen mit Holzkohle sollte immer ein Anzündkamin zur Seite stehen. Es muss auch nicht unbedingt das Luxusmodell sein!

Großer Barbecuegeschmack

Damit bringt man auch bei einem geschlossenen Gasgrill Rauchgeschmack an sein Grillgut. Räucherchips, gefertigt aus den alten Eichenholzfässern des Whiskeyproduzenten Jack Daniels bringen zusätzliche Aromen.

Barbecue-Tipp: Viele aromatische Holzsorten eignen sich für das Barbecue. Eiche, Buche, Kirsch, Apfel, Mesquite sind die geläufigsten. Die Holzchips, Pellets oder Späne sollten sortenrein sein und nicht als Heizquelle dienen, sondern nur punktuell zur Erzeugung des Rauches zum Einsatz kommen.

Schnittabfälle ade

Das praktische Schneidebrett mit seiner verschiebbaren Auffangwanne lässt Schäl- und Schnittreste schon beim Entstehen verschwinden. Es ist in unterschiedlichen Hölzern und Gräsern wie Buche, Ulme und Bambus erhältlich.

„Mopping“ am Grillplatz

Damit das Fleisch immer schön saftig bleibt, sollte es während des Grillvorganges öfter „gemoppt“ (bepinselt)werden.

Unverzichtbar für das Kochen am Lagerfeuer

Der Dutch Oven oder Potjie – ein gusseiserner Topf – ist ein Alleskönner. Braten, garen, backen – wer einmal auf den Geschmack gekommen ist, macht es immer wieder.

Messer mit „Biss“

Für jeden Grillfan ein Muss: Scharfe Messer zum Zerlegen von Fleisch und zum Tranchieren des fertigen Grillgutes

À Point

Auf den Punkt gegart

Kaum durchgegart, zu trocken, hart und ungenießbar – solche Horrorszenarien lassen sich vermeiden. Das Wissen um die richtige Kerntemperatur und ein technisches Helferlein reichen dazu völlig aus.

Faustregel
Eine einfache Sache, um den Gargrad von Kurzgrillgut, wie Wildbret- oder Rindersteaks zu ermitteln, ist die Daumenmethode. Und so funktioniert sie:

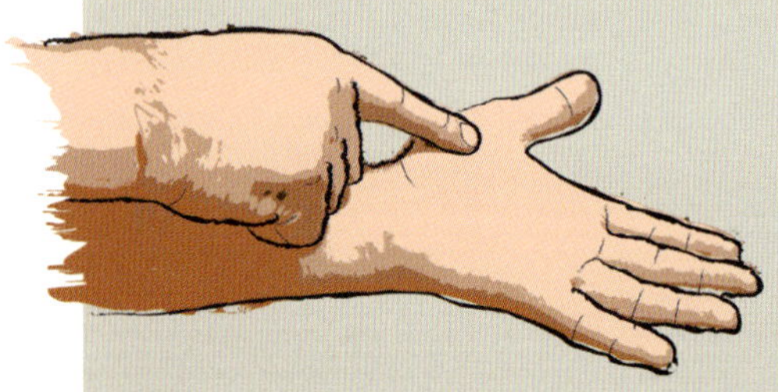

Das Steak ist beim Drucktest so weich wie der Daumenballen – das Steak ist „raw“ (roh).

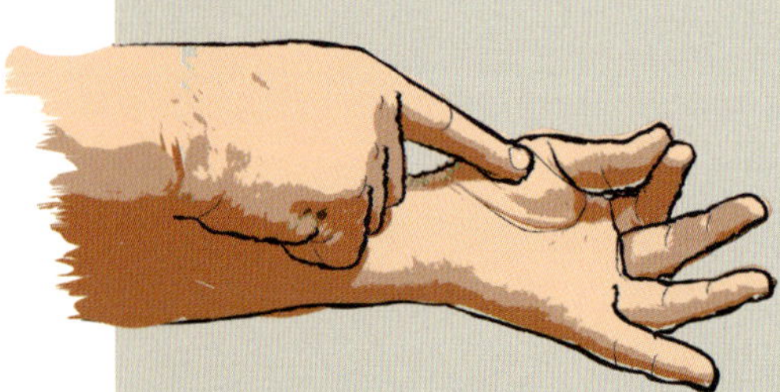

Daumen und Zeigefinger gegeneinander drücken, der Daumenballen fühlt sich etwas härter an – das Steak ist „rare“ (blutig).

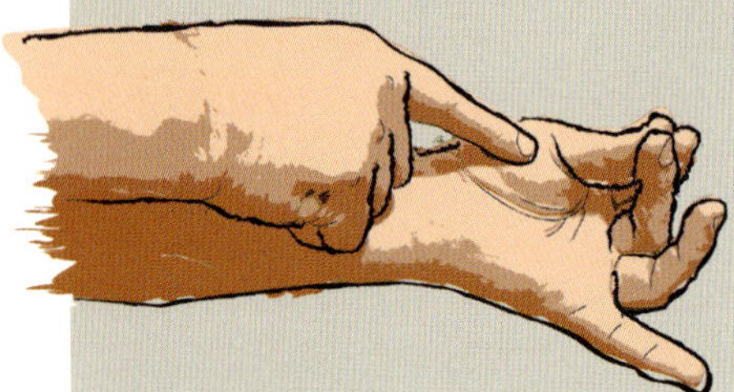

Daumen, Zeige- und Mittelfinger gegeneinander drücken, der Daumenballen wird noch etwas härter – das Steak ist „medium“ (rosa).

Viele hochwertige Grills verfügen über ein integriertes Thermometer. Fehlt ein solches, kann man auch ein Backthermometer benutzen. Gerade bei größeren Grillgeräten ist die Temperatur im Garraum nicht an jeder Stelle konstant. Ein Beispiel: Die am höchsten Punkt des Grills gemessene Temperatur ist um gut 20 °C niedriger als die auf dem Rost, der sich circa 30 Zentimeter unter der Messstelle befindet.

Vorsicht: Die Garraum-Temperatur zeigt nicht den Gargrad des Grillgutes an! Hierzu muss bei größeren Fleischstücken die Kerntemperatur gemessen werden. Bei Kurzgegrilltem, wie Steaks oder Wildbret, gibt es auch einfache Methoden, um den Gargrad festzustellen, wie zum Beispiel den Daumen-Drucktest (siehe links). Genauer sind hier spezielle Messgeräte, die mit einer Einstichnadel ausgestattet sind. Diese sollte nicht zu dick sein, damit beim Einstechen nicht zuviel Fleischsaft austritt.

Besonders komfortabel sind mit Funk ausgestattete, digitale Messgeräte. Diese haben den Vorteil, dass man nicht ständig neben dem Grill stehen muss, um die Temperatur im Auge zu behalten.

Wie lange das Fleisch auf oder im Grill verbleibt, hängt primär von der Fleischstärke und der Temperatur des Grills ab. Um den optimalen Garpunkt zu finden, sollte man unbedingt die Kerntemperatur messen. Die Richtwerte (siehe Tabelle Seite 93) dienen der Orientierung.

Die Temperaturkontrolle

Auf den Punkt Gegartes lässt sich nur mit viel Glück oder mithilfe eines Temperaturmessgerätes erzielen.

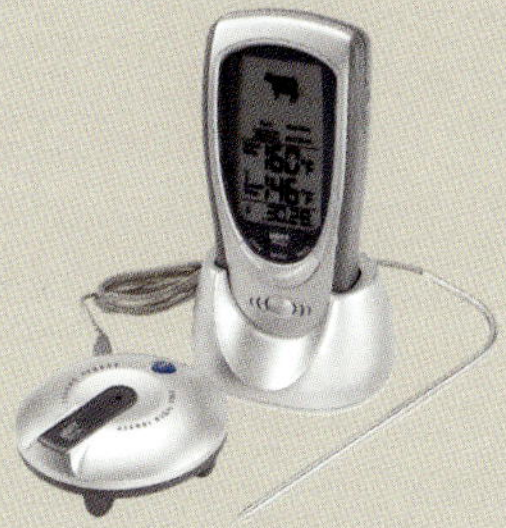

Besonderen Komfort bietet eine funkgesteuerte digitale Version. Man trägt den Empfänger einfach bei sich und hat so noch Zeit für anderes.

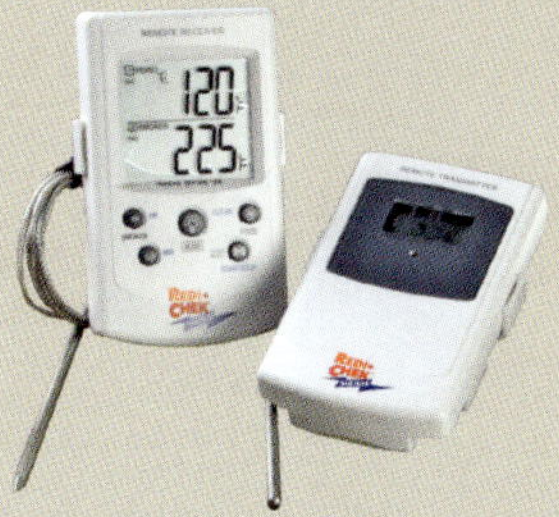

Komfortables Funkthermometer mit zwei integrierten Temperaturfühlern. Damit kann gleichzeitig die Garraumtemperatur sowie auch die Kerntemperatur angezeigt werden.

Backofenthermometer zur Messung der Temperatur auf dem Grillrost

Thermometer mit analoger Anzeige und großen Tier-Piktogrammen

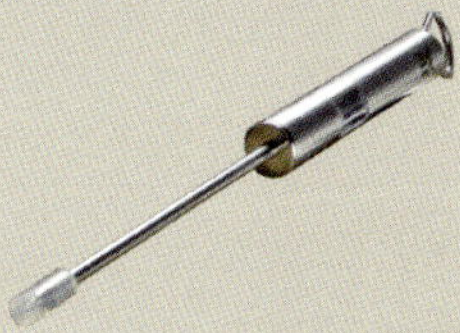

Digitales Einstichthermometer

Kerntemperaturen beim Wildbrett

Wildschwein (Braten)	75–78 °C
Wildschweinfilet	60–62 °C
Wildschweinkeule	72–75 °C
Reh- und Hirsch (Braten)	75–78 °C
Reh- und Hirschkeule	65–72 °C
Reh- und Hirschrücken, rosa	60–63 °C
Wildgeflügel, leicht rosa	65–70 °C
Feldhase (Rücken)	55–60 °C

Achtung: Erst wenn eine Kerntemperatur von 80 °C erreicht ist und auch über zehn Minuten konstant gehalten wird, sind die meisten pathogenen Keime abgetötet!

Jetzt wird's heiß

Anzünden – weniger ist mehr

Woran Sie geeignete Grillkohle erkennen, wie sie richtig angezündet wird und welche neuen Modelle der Grillmarkt bietet, zeigt Ihnen Barbecue-Experte Elmar Fetscher.

Dass Spiritus oder Benzin nicht die geeigneten Brennflüssigkeiten sind, um Grillkohle oder -briketts anzuheizen, sollte sich mittlerweile herumgesprochen haben. Es gibt unterschiedlichste Anzündhilfen in flüssiger (auf Mineralöl- oder Paraffin-Basis), gelartiger (stark eingedickter Alkohol oder Paraffine) oder fester Form (meistens wachs- oder paraffingetränkte Holzfasern), die TÜV- und DIN-EN-geprüft sind. Damit lässt sich die Grillkohle auf sichere Art entzünden. Damit sie keinen unerwünschten Geschmack auf dem Grillgut hinterlässt, ist es wichtig, dass sie gänzlich verbrannt ist, bevor das Wildbret oder Gemüse auf den Rost kommt. Holzkohle wird in zwei Verfahren hergestellt. Durch Carbonisierung des Holzes in einem Meiler oder per Retortenverfahren, bei dem Holz (zumeist Buche) nach der Trocknung in einer Hitzekammer bei 450–550 °C langsam carbonisiert wird. Holzkohlebriketts sind nichts anderes als einfacher Holzkohlestaub, der mit Hilfe von Stärke zu Briketts gepresst wird.

Während die Holzkohle verhältnismäßig leicht entzündbar ist und schon nach rund 20 Minuten eine schöne Glut entwickelt, brennen Briketts zunächst um einiges zäher an. Dafür glühen sie aber nahezu dreimal so lange wie Holzkohle und entwickeln auch eine größere Hitze. Aber aufgepasst: Bei der im Handel als „Grillkohle oder -brikett" bezeichneten Kohle handelt es sich häufig nur um gepressten Braunkohlestaub. Nur wenn der Beutel oder Sack ein DIN-CERTCO-Zeichen trägt (siehe Seite 95), kann man sicher sein, echte Grillholzkohle oder -briketts zu kaufen. Ein weiteres Unterscheidungsmerkmal: Die Asche der gepressten Grillkohle ist bräunlich-gelb, die der Grillholzkohle weiß-grau. Eine Alternative zu klassischen Grillbriketts sind aus Kokosschalen gewonnene Kokosbriketts. Sie glühen bis zu drei Stunden und haben eine sehr konstante Hitzeentwicklung. Achten Sie beim Kauf von Holzkohle auf eine gute Stückelung und machen Sie dazu den „Klirrtest“: Je deutlicher die Kohle in der Packung beim Anheben klirrt, desto besser ist die Qualität.

Jetzt wird’s heiß: Um eine brauchbare Glut im Grill zu erzeugen, sollten anfangs nicht zu viele Holzkohlestücke auf einmal brennen. Zwei Hände voll genügen, um diese mit Grillanzündern so lange brennen zu lassen, bis sich eine erste Glut bildet. Erst dann sollten weitere zwei Hände voll Kohle dazugegeben werden. Alternativ kann man jetzt auch Grillbriketts an die erste Holzkohleglut legen. Sobald die zweite Schicht wieder Glut gebildet hat, kann nach diesem „Schichtprinzip“ so lange weiter verfahren werden, bis genügend Kohle oder Briketts im Grill liegen. Damit sich die Glut gleichmäßig verteilt, sollte man dringend für ausreichend Luftzufuhr von unten sorgen und alle Lüftungsschieber öffnen! Die Holzkohlestücke oder -briketts sind dann grillfertig vorgeglüht, wenn alle Stücke mit einer feinen grauen Ascheschicht überzogen sind und man die Hand maximal drei Sekunden lang eine handbreit über dem Rost halten kann. Wer nur mit Briketts grillen möchte, schichtet mit diesen einige kleine Pyramiden in seinem Grill auf und legt dabei jeweils einen Grillanzünder hinein. Sobald die Pyramiden glühen, wird die Kohle verteilt. Sollte während des Grillens die Kohle nicht ausreichen, kann neue nachgelegt werden. Allerdings muss dann das Grillen so lange unterbrochen werden, bis diese ebenfalls wieder mit einer feinen grauen Ascheschicht überzogen ist.

Grillbriketts bestehen meist aus Holzkohlen- oder Braunkohlenstaub, der mit Stärke verbunden zur Eiform gepresst wird.

Bei der Holzkohle ist deutlich die Holzstruktur zu erkennen.
Rechts: DIN-CERTCO-Zeichen

Tipp: Komfortabel anzünden

Einfach und schnell (je nach Hersteller und Modell bis zu 30 Minuten) lassen sich Holzkohle oder -briketts in einem Anzündkamin zum Glühen bringen. Dafür wird der Anzündkamin einfach auf den Bodenrost des Grills oder auf eine alte Terrassenplatte gestellt und mit Heizmaterial bestückt. Anschließend werden zwei, drei feste Grillanzünder unter den Kamin gelegt und angezündet. Nach ungefähr einer halben Stunde sind Holzkohle oder Briketts durch den Kamineffekt grillbereit und können in den Grill geschüttet werden. Praktisch ist so ein Anzündkamin auch, wenn die erste Ladung Grillkohle für die ganze Grill- oder Barbecueparty nicht ausreicht und nachgelegt werden muss: Die Kohle zum Nachschütten kann schon vorab im Kamin vorbereitet werden, sodass ein Weitergrillen ohne Unterbrechung möglich ist.

Asado

Grillen wie die Gauchos

Haben Sie schon mal daran gedacht, einen ganzen Frischling oder ein komplettes Reh am Stück zu grillen? Dann ist das Asado-Verfahren genau das Richtige. Was dahintersteckt und wie es funktioniert, erklärt Carsten Bothe.

Was ist Asado?

Argentinien ist bekannt für sein Fleisch. Die Gauchos verzehren es in großen Mengen. Gegart wird es mit einer besonderen Grillmethode: dem Asado. Auch wenn Asado eigentlich nur „Grillen" heißt, ist es doch mehr. Es steht für die gesamte Veranstaltung, das Treffen mit Freunden, für einen gemütlichen Abend mit gutem Fleisch und gutem Rotwein. Der Unterschied zum Grillen in Deutschland besteht darin, dass große Fleischportionen langsam gegart werden. Etwas übertrieben gesagt: Man ist bereits satt, wenn man zum Asado eingeladen ist! Die Gäste kommen gegen Mittag und haben gegessen. Dann nehmen sie am Grillen teil und unterhalten sich. Wenn nach einigen Stunden das Fleisch gar ist, wird gegen Abend gemeinsam gegessen. Man geht das Asado mit viel mehr Ruhe und Gelassenheit an, als das häufig viel zu hektische Grillen in Deutschland.

Eigentlich wurde das Asadoverfahren aus der Not heraus geboren. Wenn die Gauchos abends bei der Herde blieben und ein Stück Vieh geschlachtet hatten, standen ihnen nur einige wenige Stöcke aus Holz zur Verfügung, die man nicht über das Feuer legen konnte. Kurzerhand wurde deshalb das Fleisch neben dem Feuer platziert. Heutzutage verwendet man Asado-Kreuze aus Metall. Grundlage dieser Garmethode ist ein nicht zu kleines Feuer aus trockenem, armdicken Hartholz. Eine Schubkarre voll Holz ist für den Anfang genau richtig. Da die aufgestellten Kreuze nur schlecht zu bewegen sind, wird bei Bedarf das Feuer umgeschaufelt. Je näher das Grillgut an der Glut steht, desto heißer wird es. Der richtige Platz ist zunächst einmal unter Wind – dieser bläst vom Grillgut zum Feuer, sodass es nur wenig Rauch abbekommt und in der Strahlungshitze, aber nicht direkt im Feuer gart. Mit langsamem Grillen bei relativ niedriger Temperatur erzielt man beim Asado das beste Ergebnis. Die optimale Temperatur lässt sich ganz einfach ermitteln, indem die Hand vor das Grillgut gehalten wird. Kann man langsam bis fünf zählen, bevor es an der Hand zu heiß wird, hat man die richtige Hitze.

Tipp: Halten Sie extra breite Alufolie bereit, falls es zu regnen anfängt. Dann schützen Sie einfach die Rückseite der Tiere durch eine Schicht Alufolie vor dem Auskühlen.

Rinderrippe: Gewürzt wird das Asado-Fleisch lediglich mit grobem Meersalz.

Die Knochen sollten in Richtung Feuer aufgestellt werden. Tipp: Unbedingt die Windrichtung beachten, damit der Rauch nicht in Richtung Fleisch zieht!

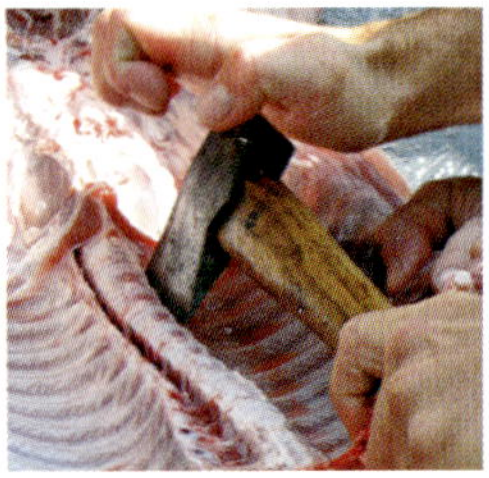
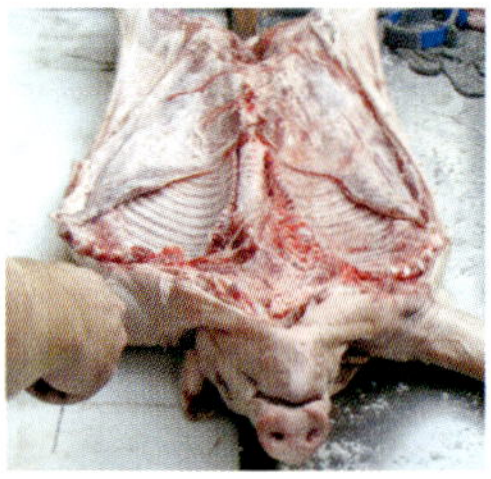

Mit einem Beil werden die Rippen vom Rückgrat getrennt (l.), damit das Stück dann besser auf dem Asadokreuz Halt findet (r.).

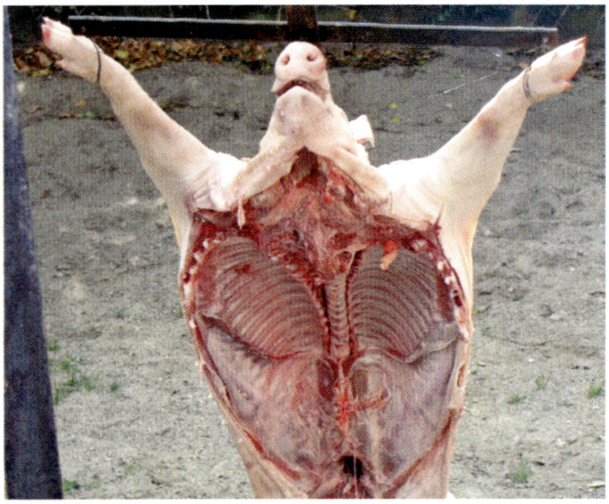

Mit Draht wird das Spanferkel (ebenso Reh oder Frischling) am Asadokreuz fixiert.

Tipp: Befestigen Sie das Stück auf jeden Fall so, dass es auch dann noch hält, wenn das Fleisch durch den Garprozess seinen Zusammenhalt verliert. Ansonsten fällt es Ihnen ins Feuer, sobald es gar ist.

Beim Asado lässt sich prinzipiell alles zubereiten, was an die Spieße, beziehungsweise an das Asadokreuz passt. Ob Rinderrippe, Spanferkel, Wildsau oder Reh – was schmeckt, eignet sich. Das typische Stück ist ein „Rinderlappen", die Flanke eines Rindes mit den Rippen und den Bauchlappen. In der Regel wiegt solch ein Stück rund 13 bis 15 Kilogramm. Damit scheidet es zwar für den gemütlichen Abend zu zweit aus, ist aber hervorragend für eine größere Grillgesellschaft geeignet. Aufgrund der großen Rippen sollte man pro Person 750 Gramm Frischgewicht berechnen. Bei einem Spanferkel, ganz gleich ob Haus- oder Wildschwein, liegt die Obergrenze bei rund 12 bis 15 Kilogramm. Schwerere Stücke haben erstens zu unterschiedliche Fleischportionen, zweitens sind diese auch viel zu dick, um gleichmäßig durchgaren zu können. Das gilt ebenso für Lämmer. Zunächst wird das Fleischstück auf einem großen Tisch rücklings auf das Kreuz gelegt. Mit einer Axt schlägt man entlang der Wirbelsäule die Rippen ab, sodass das ganze Stück flach liegt. Mit Bindedraht wird das Stück mit den Beinen fest an den Querstreben befestigt. Bei Spanferkeln sollte die Schnauze zusätzlich mit Draht gesichert werden. Zwei oder drei zusätzliche Drähte, die die Wirbelsäule an der Stange halten, sind ebenfalls notwendig. Bei dieser Arbeit sollten Sie darauf achten, dass das Fleisch und die Knochen noch einigermaßen Zusammenhalt haben, dieser dann aber beim Garen verloren geht und das Schwein auseinanderfällt, wenn es fertig ist. Auch sollten Sie jetzt alles so fest wie möglich schnüren, denn später am aufgestellten Spieß ist das fast nicht möglich. Ein wichtiges Utensil beim Grillen nach dieser Methode ist ein Fleischthermometer. Damit können Sie die Kerntemperatur des Fleisches bestimmen. Bei 56 °C ist Rindfleisch medium, jenseits der 70 °C ist es grau und durch. Diese Kerntemperatur sollte Schweinefleisch auf jeden Fall erreichen. Bei der benötigten Zeit sollten Sie sich nicht täuschen, denn einige Stunden sind dafür schon notwendig.

Das Einfache am Asado ist das Würzen: nur mit grobem Meersalz einreiben, und das war's! Was hängen bleibt, bleibt hängen. Durch die groben Kristalle bleibt nicht so viel Salz hängen, wie das mit feinerem der Fall wäre, und daher ist das Fleisch hinterher auch nicht versalzen. Die großen Salzstücke lösen sich während des Grillens auf. Bei Lamm kann man zusätzlich aus einem Glas gutem Olivenöl, einer ausgepressten Zitrone und drei gepressten Knoblauchzehen eine Mischung zum Einpinseln der dünnen Fleischpartien herstellen. Beim Essen wird dann noch zusätzlich grober Pfeffer auf die Stücke gestreut. In dünne Scheiben quer zur Faser geschnitten wird selbst aus einem Stück Rinderrippe – eigentlich nur als Suppenfleisch zu verwenden – ein leckeres Mahl. Aber leider erst nach einigen Stunden. Auch darf man nicht mit der Erwartungshaltung „Filetsteak" an die Sache herangehen, denn es ist auch nach Stunden immer noch sehr bissfest.

Wird die Schwarte beim Spanferkel rautenförmig eingeschnitten, entsteht später eine knusprige Kruste

Rinderrippe:

Kaufen Sie ein gut abgehangenes Stück! Dazu ist es notwendig, dass Sie Ihren Metzger rechtzeitig darüber informieren, denn die „Rinderlappen wie gewachsen" sind nicht immer verfügbar. Sollte der Metzger noch selber schlachten, dann kann er das steuern, wenn er aber die Ware bestellen muss, kann es schiefgehen. Durch die Einführung der EU-Schlachthöfe mit selbstständigen ausländischen Lohnausbeinern ist es fast nicht mehr möglich, andere Zuschnitte zu erhalten. Das Standard-Stück wiegt um die 15 Kilogramm. Sägen Sie die Rippen durch – aber nur die Rippen, dann können Sie später besser portionieren. Sie müssen nur einmal gedreht werden. Grillen Sie zuerst die Seite mit den Knochen und dann die andere. Ob Sie die Rippen auch noch so drehen, dass der obere Teil nach unten kommt und umgekehrt, ist davon abhängig, wie dieser Teil gart. Bei langen Stücken ist dies oftmals notwendig. Bei kleineren, die ohnehin nahe am Feuer stehen, können Sie darauf verzichten.

Spanferkel:

Ein Spanferkel oder Frischling von 12 bis 14 kg Gewicht ist ein dankbares Objekt für den Asado-Grill. Kaufen Sie ein Spanferkel fix und fertig tiefgefroren und tauen Sie es zunächst auf. Das dauert bei Raumtemperatur 24 Stunden, ist aber nicht zu empfehlen. Besser Sie lassen es im Kühlraum 48 Stunden auftauen. Dann schneiden Sie mit einem scharfen Messer ein Rautenmuster etwa fingerbreit in die Schwarte. Aber nur in die Schwarte, nicht in das Fleisch. Beim Grillen zieht sich die Schwarte zusammen und reißt ohnehin. Wird sie nicht eingeschnitten, fällt sie in großen Stücken ins Feuer.

Auf der Innenseite werden die Rippen von der Wirbelsäule getrennt und das Schloss geöffnet. So lässt sich das Spanferkel mit den Sehnen der Hinterläufe am Quereisen des Asadokreuzes befestigen. Zur Sicherheit nutzen Sie noch einige Windungen mit Bindedraht. Mit aller Kraft wird das Stück dann an den Vorderläufen nach vorne gezogen und an der anderen Querstange befestigt. Den Kopf befestigen Sie mit einem Draht durch die Schnauze, und am Rücken nutzen Sie auf jeden Fall noch zwei weitere Drähte, die Sie rechts und links neben der Wirbelsäule durch den Rücken stechen und hinter dem Kreuz verdrehen. Hier hilft eine Eisenstange mit einer eingeschliffenen Kerbe, um den Draht durch ein vorgestochenes Loch zu schieben. Wenn das Stück auf dem Kreuz befestigt ist, reiben Sie es gut mit grobem Salz ein. Nutzen Sie ausschließlich einfachen Blumendraht, nicht den verzinkten. Und beim Abnehmen vom Kreuz drehen Sie den Draht wieder auf. Wenn Sie den Draht mit einer Zange durchschneiden, könnten kurze Drahtenden ins Essen geraten und die Gäste verletzen.

Der Garvorgang beim Spanferkel ist etwas anders als beim Lamm. Sie müssen zuerst das Fleisch auf mindestens 70 °C Kerntemperatur bringen. Am besten funktioniert dies mit dem Kopf nach oben und der Körperinnenseite zum Feuer. Unterstützen Sie die Keulen, indem Sie eine Schaufel Glut darunter legen, genauso die Blätter und den Nacken, wenn nach zwei Stunden das Stück mit dem Kopf nach unten und der Körperinnenseite zum Feuer gestellt wird. Nach zwei bis drei Stunden sollte die Spansau schon fast durchgegart sein. Dann drehen Sie das Schwein mit der Schwarte zum Feuer. Nach einer weiteren Stunde sollte auch diese Seite gar sein. Die Schwarte ist aber noch nicht richtig knusprig, das kommt zum Schluss. Drehen Sie das Stück eine halbe Stunde vor dem Servieren noch einmal mit der Innenseite zum Feuer, um es wieder etwas aufzuwärmen. Zum Servieren müssen Sie nur noch eine Knusper-Kruste zaubern. Das geht ganz einfach: Ziehen Sie mit einer Schaufel die Glut etwas auseinander und halten Sie mit einer zweiten Person das Spanferkel ganz dicht über die Glut. Es dauert nur Sekunden, bis Sie die Schwarte knuspern hören.

Rehwild und Lamm

Ein ganzes Lamm oder ein Reh mit 14 Kilogramm Gewicht sind genau richtig. Es ist sowohl möglich, ein frisches Lamm zu verwenden, als auch ein tiefgefrorenes. Allerdings benötigt ein gefrorenes Stück selbst bei sommerlichen Temperaturen einen ganzen Tag zum Auftauen. Wird es im Kühlraum bei unter 7 °C aufgetaut, dauert es zwei Tage. Das Lamm wird auf den Rücken gelegt und Schloss und Brustkorb geöffnet. Beim Reh sind Brustkorb und Schloss meist bereits geöffnet.

Um das Stück „flacher“ zu bekommen, trennen Sie mit einer Axt die Rippen vom Rückgrat. Dabei setzen Sie die Schneide der Axt an der Körperinnenseite auf die Rippenansätze an der Wirbelsäule und schlagen mit der Hand auf den Axt-Nacken. Anschließend wird das Stück mit Draht auf dem Asadokreuz fixiert. Da Rehwildbret und Lammfleisch meist trocken sind, sollte das Fleisch erst mit etwas Wasser oder Salmuera angefeuchtet werden, damit das grobe Salz besser hält. Salzen Sie das Stück und stellen Sie es mit der Körperinnenseite und dem Kopfende nach oben ans Feuer.

Sie brauchen jedoch keine Angst zu haben, dass das Fleisch

austrocknet! Zunächst trocknen nur die Silberhäute etwa einen Millimeter ein, dann kocht das Fleisch im eigenen Saft unter dieser pergamentartigen Haut. Erst beim Tranchieren wird die Silberhaut in großen Streifen abgezogen und gibt ein herrlich saftiges Fleisch frei. Nach etwa drei Stunden wird das Stück mit der Rückseite zum Feuer gedreht, das Kopfende bleibt oben. Jetzt werden auch die Keulen mit einer Schaufel Glut zusätzlich erhitzt. Nach einer weiteren Stunde drehen Sie das Stück mit dem Kopf nach unten und dem Rücken zum Feuer. Auch dabei unterstützen Sie die Blätter, indem Sie eine Schaufel frische Glut darunter legen. Nach einer weiteren Stunde, das Stück gart dann bereits insgesamt fünf Stunden, drehen Sie es noch einmal mit der Körperinnenseite zum Feuer und den Keulen nach unten. Hierbei wärmen Sie das Reh oder Lamm noch einmal richtig durch.

Beim Aufschneiden sollten Sie beachten, dass Lamm nach altem Schaf schmeckt, wenn es nicht richtig heiß auf den Teller kommt. Holen Sie Ihre Gäste daher rechtzeitig zusammen und lassen Sie diese an den letzten Minuten am Feuer und beim Zerlegen teilhaben. Auch sollten die Gäste sich schon die Beilagen auf den Teller genommen haben. Es ist besser, wenn die Gäste mit dem Salat warten und dann das heiße Fleisch bekommen, als wenn das Fleisch auf die Gäste warten muss und abkühlt. Wurde das Lamm richtig gegrillt, muss es nur noch vom Spieß gelöst und die pergamentartige Haut abgezogen werden. Die Schulter ist so zart, dass Sie das Fleisch mit einem Löffel von den Knochen nehmen können. Dazu kommt noch ein Schlag Chimichurri und frisches Baguette, fertig.

Das Stück lässt sich komplett mit einem Messer zerlegen, denn alle Knochenverbindungen sind bereits getrennt.

Beilagen zum Asado: Chimichurri

Chimichurri ist eine Würzsauce, wie sie in ganz Argentinien und den anderen Staaten in Südamerika besonders zu Rind- und Lammfleisch gereicht wird. Frische und qualitativ hochwertige Zutaten sind für die Qualität des Produktes entscheidend. Grundlagen sind Salzwasser, Olivenöl, Essig, Knoblauch, Petersilie und Oregano.

Zutaten:

- 1 Knolle Knoblauch
- 1 Tasse fein gehackte glatte Petersilie, dicht gepackt!
- 1 Tasse frische Oregano-Blätter, ersatzweise 2 EL getrockneter Oregano
- 2 TL Chili-Flocken
- 1/4 Tasse Rotweinessig
- 1/2 Tasse hochwertiges Olivenöl
- 1 Tasse Salzwasser (Salmuera)

Den fein gehackten Knoblauch mit Petersilie, Oregano und den Chiliflocken vermischen. Dann den Essig und das Olivenöl dazugeben und verrühren, zum Schluss die Tasse Salmuera.

Chimichurri bereiten Sie am besten einen Tag vorher zu, damit sich die Aromen entfalten können, im Kühlschrank hält sich diese Sauce bis zu drei Wochen.

Salmuera

Salmuera ist Salzwasser, das auch beim Asado genutzt wird, um das Lamm zu besprenkeln. Die Herstellung ist denkbar einfach:
1 Tasse Wasser im Topf oder im Wasserkocher zum Kochen bringen, mindestens 1 Esslöffel Salz einrühren, es soll ungelöstes Salz am Becherboden bleiben. Nach dem Abkühlen die Flüssigkeit dekantieren.

Weitere Informationen und Bezugsadresse für das Asadokreuz:
VENATUS
Pastorenberg 4
31167 Bockenem
Tel.: 05067/247153
www.venatus.de

Frisch auf den Tisch

Wie Sie grob zerlegtes Wildbret mit wenigen Handgriffen zu edlen Köstlichkeiten verarbeiten, erfahren Sie im folgenden Kapitel.

Rücken
Keule
Blatt

Zerlegen wie ein Profi

Wie man mit wenigen Handgriffen aus der Keule, dem Rücken und der Schulter leckere Grillsteaks gewinnt, zeigen Revieroberjäger Ulf Muuß und Metzgermeister Achim Reske anhand einer Wildsau.

Steaks aus der Keule

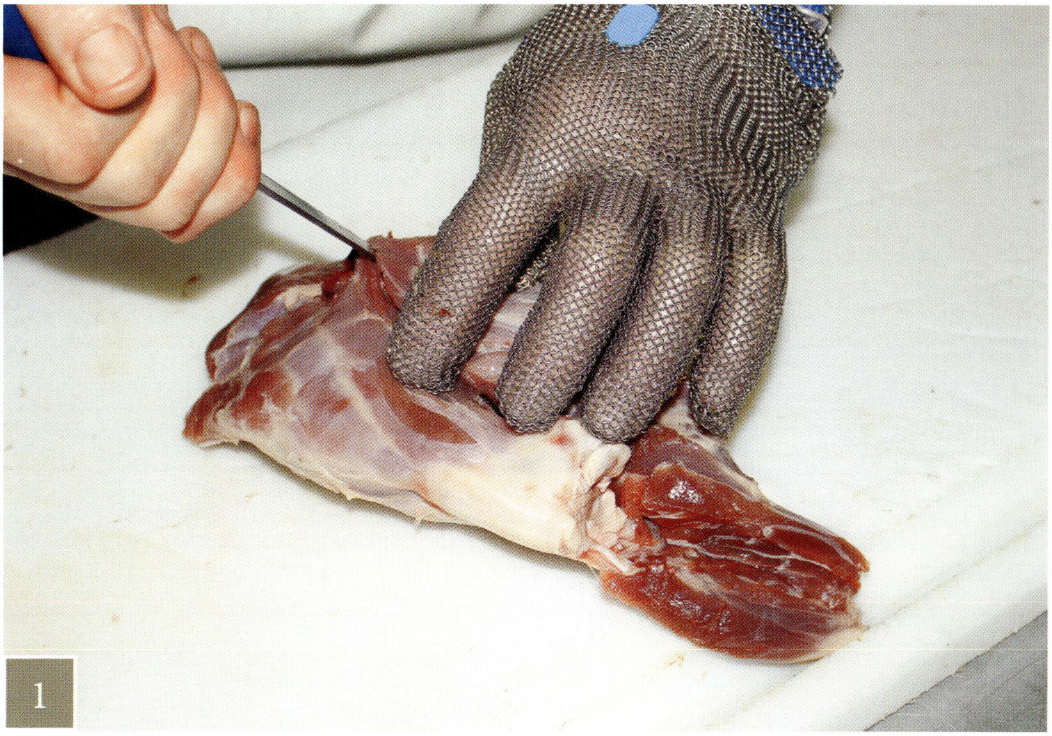

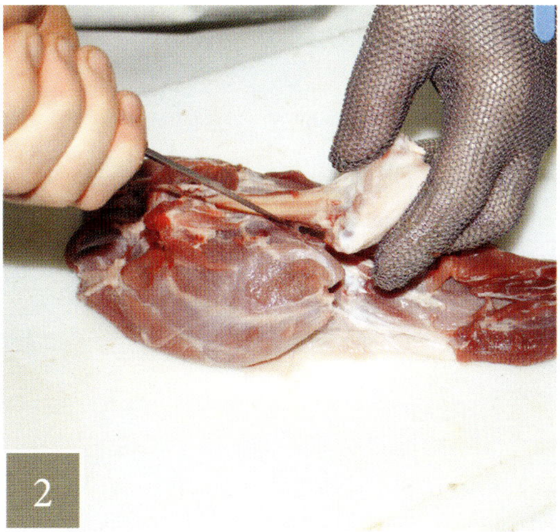

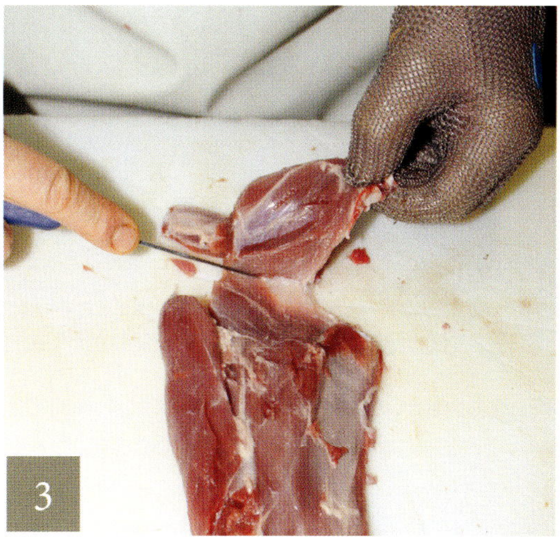

1. Schneiden Sie an der Keulen-Innenseite immer am Knochen entlang bis dieser zu großen Teilen vom Fleisch gelöst ist.

2. Greifen Sie den Knochen mit einer Hand und heben sie ihn leicht an. Nun können Sie ihn auch von der anderen Seite vom Fleisch lösen. Dabei immer möglichst dicht am Knochen entlang schneiden.

3. Trennen Sie nun die einzelnen Muskelpartien voneinander. Tipp: Die einzelnen Partien sind durch Häute getrennt.

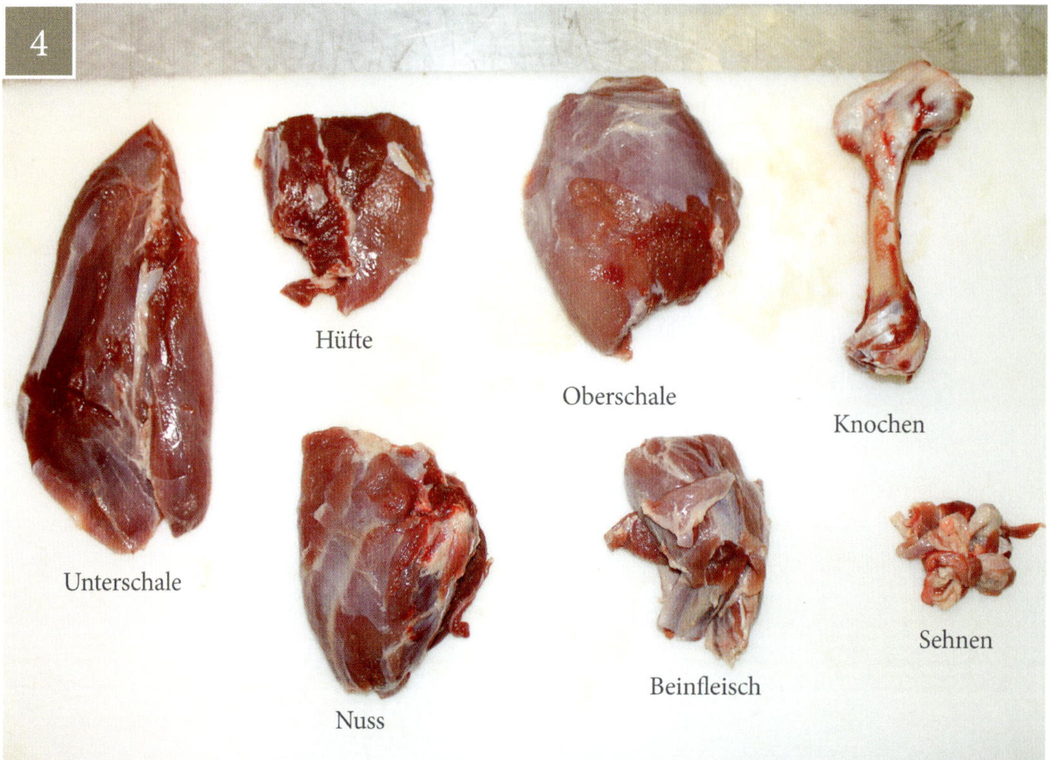

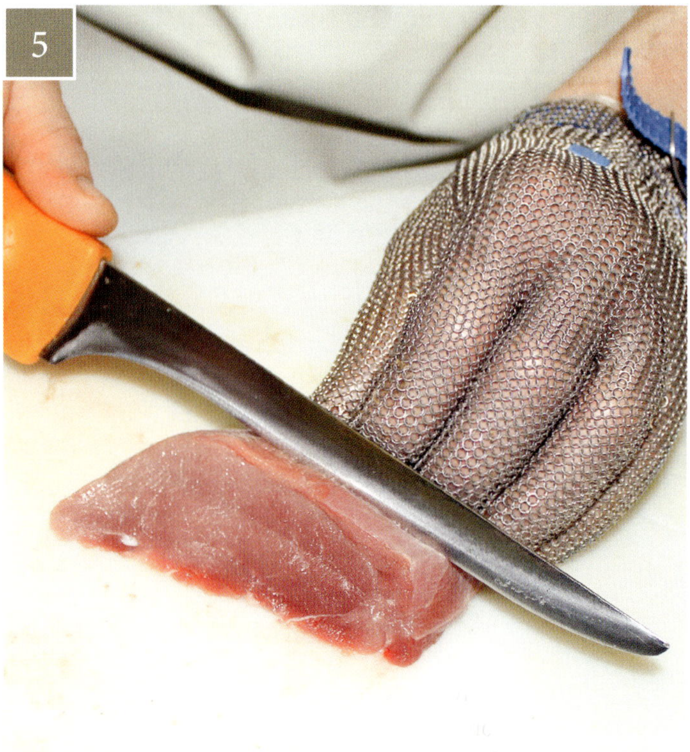

4. Die zerlegten Einzelteile der Keule

5. Die Einzelstücke der Keule werden mit einem scharfen Messer – möglichst quer zu den Fleischfasern – in Steakscheiben geschnitten.

6. Die Dicke kann beliebig gewählt werden. Dünnere Steaks garen schneller.

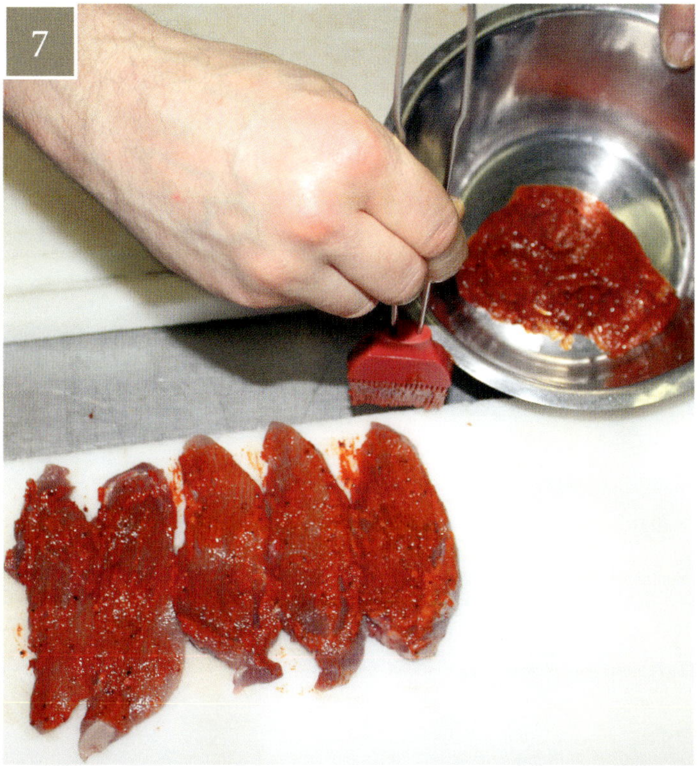

7. Zum Schluss werden die Wildsteaks mariniert. Der Fantasie bei der Zusammensetzung der Marinade sind keine Grenzen gesetzt! Allerdings sollten Sie beim Marinieren auf reichhaltiges Salzen verzichten. Dies zieht zu viel Flüssigkeit aus dem Fleisch. Besser: Auf dem Teller nachwürzen!

(Marinadenrezepte ab Seite 112)

8. Die marinierten Stücke werden am besten eine Woche lang vakuumiert in der Kühlung gelassen, damit die Marinade schön durchziehen kann.

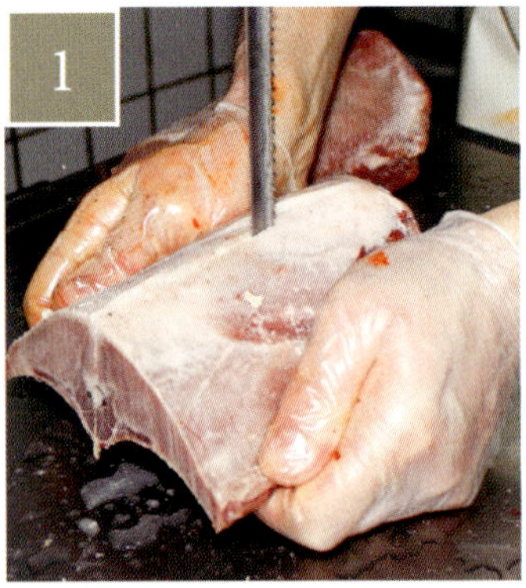

Koteletts aus dem Rücken

1. Tiefgefrorene Rücken lassen sich mit einer Bandsäge hervorragend zu Sattelkoteletts (doppelt) und Stielkoteletts (einfach) schneiden. Fragen Sie Ihren Metzger, ob er Ihnen diese Arbeit abnimmt. Sie können die Koteletts auch mit einem Schlachterbeil zerlegen, was allerdings etwas Geschick erfordert.

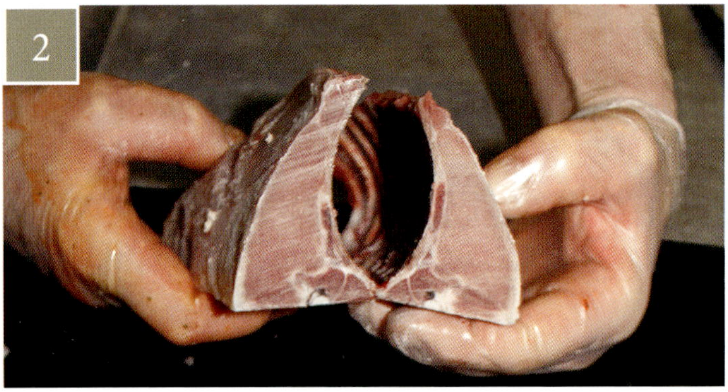

2. Die Bandsäge schneidet sauber und glatt.

3. Das fertige Produkt: Im Hintergrund Stielkoteletts, vorne Sattelkoteletts.

4. Die Koteletts lassen sich marinieren (hinten), aber auch wie ein Schnitzel panieren (vorne).

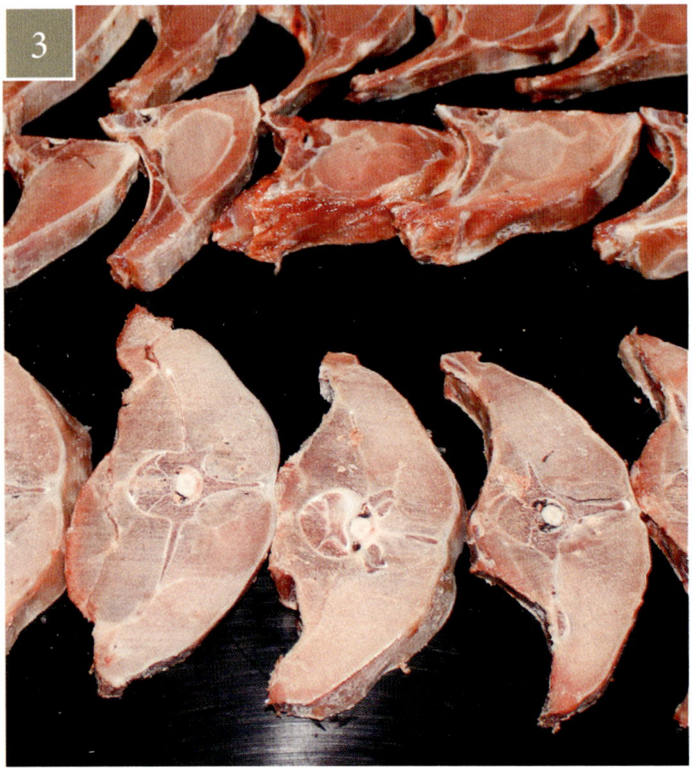

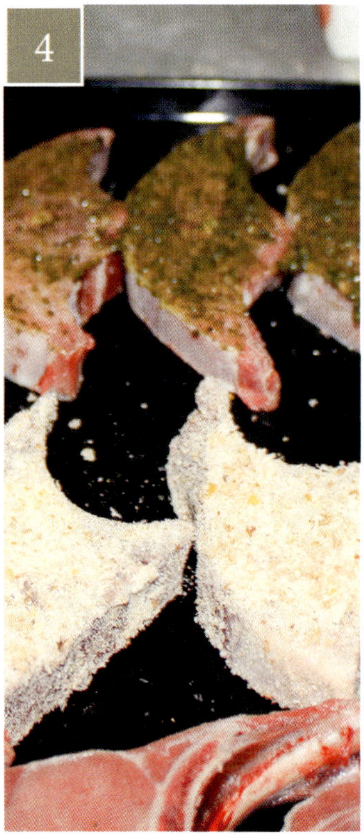

Auslösen der Rückenfilets

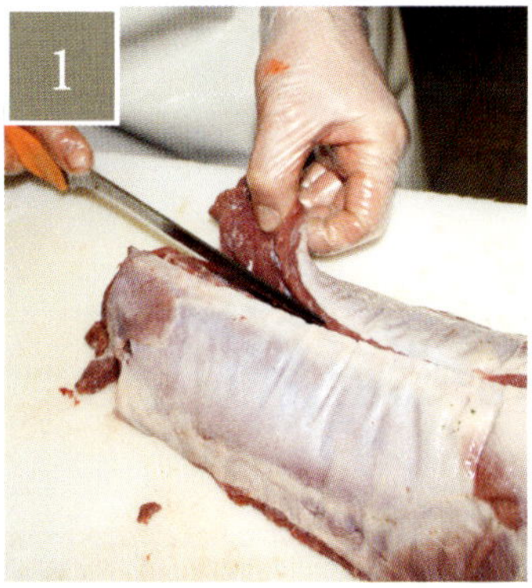
1

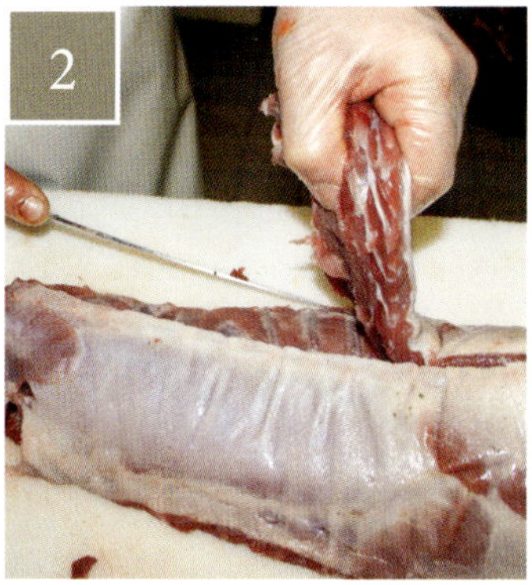
2

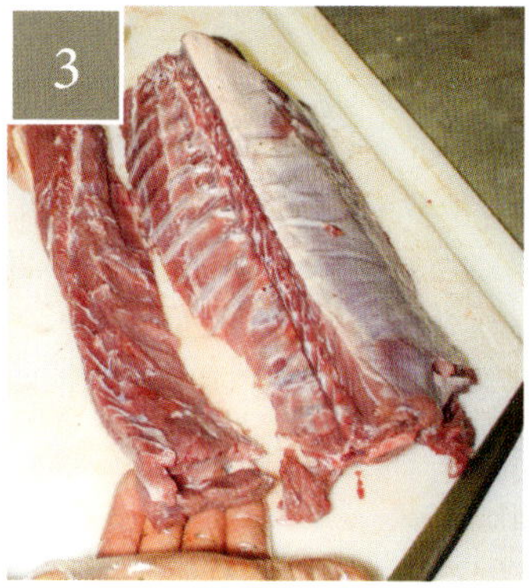
3

1. Der frische Rücken (nicht gefroren) lässt sich sehr einfach mit dem Messer auslösen. Dazu schneiden Sie zunächst an der Rückenlinie entlang und lösen dann die Stränge nacheinander auf beiden Seiten Stück für Stück (Bild 2) von den Rippenansätzen, bis sie komplett vom Rücken getrennt sind (Bild 3).

4. Ähnlich verfahren Sie auch mit den Filets an der Rückenunterseite.

5. Lösen Sie dann anschließend die Silberhaut von den Rückenstücken.

6. Schneiden Sie die Fleischstreifen in kleine Steaks.

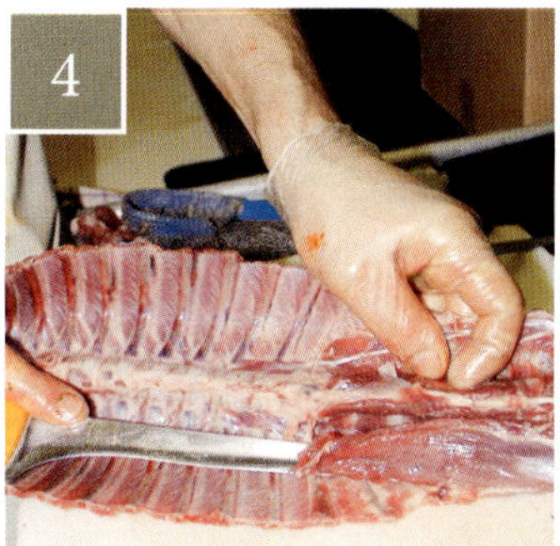
4

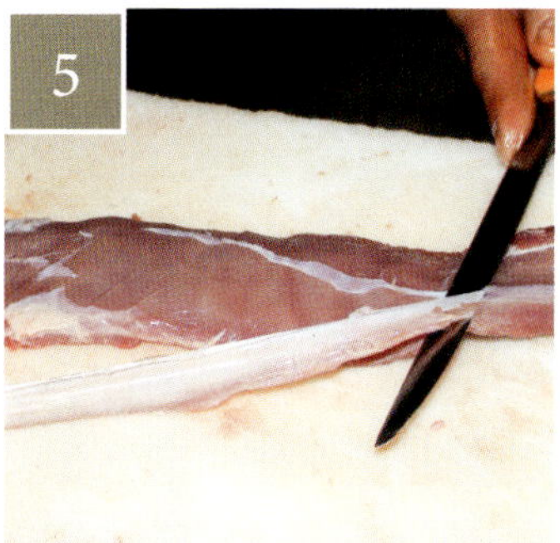
5

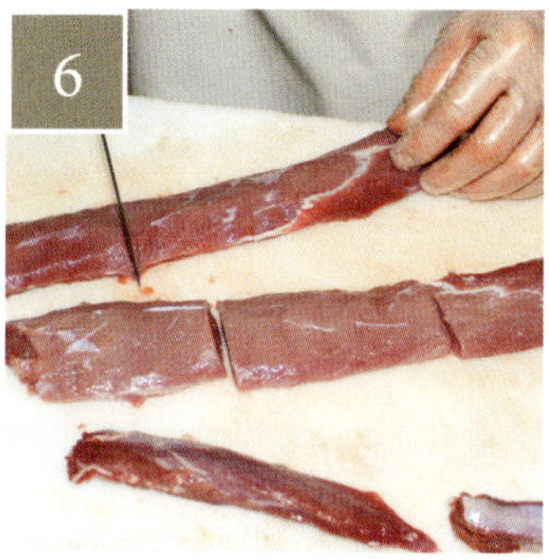
6

Zerlegen der Schulter

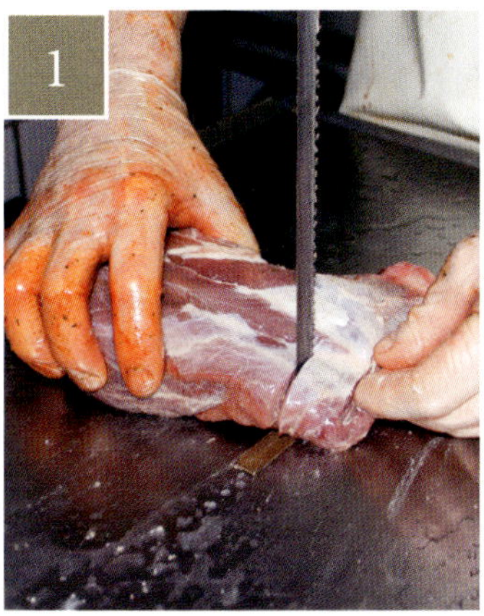
1

2

Sofern Sie das Schulterblatt ausbeinen wollen, verfahren Sie ähnlich wie bei der Keule.

1. Alternativ können Sie aber auch ein tiefgefrorenes Blatt mit Knochen mit der Bandsäge in Scheiben (Bild 2) schneiden und anschließend marinieren. Das Fleisch der Schulter eignet sich jedoch auch hervorragend für die Herstellung von Hackfleisch für Burger und Frikadellen.

Wild beizen und marinieren

Marinaden und Beizen sollen Fleisch zart machen, Feuchtigkeit und Geschmack spenden. Das ist bei Wildbret von jungem Wild aber nicht unbedingt nötig. Wie Sie das Fleisch älterer Stücke vorbereiten, um es schmackhaft zu machen, zeigen Elmar Fetscher und Karl-Josef Fuchs.

Der ehemals strenge, süßliche und von vielen als unangenehm eingestufte Wildgeschmack „hautgout" entstand beim Abhängen des Wildbrets und dem damit verbundenen Zersetzungsprozess in ungenügender Kühlung und unter hygienisch zweifelhaften Bedingungen.

Mit Beizen und Marinaden sollte das Wildbret geschmacklich wieder genießbar gemacht und der Verwesungsgeruch überdeckt werden. Hautgout hat also nichts mit dem natürlichen und sehr aromatischen Wildgeschmack zu tun. Doch auch in heutiger Zeit kann es sinnvoll sein, Wildbret vor der eigentlichen Zubereitung zu beizen oder zu marinieren – wenn es beispielsweise von älteren Stücken stammt.

Dabei ist jedoch zu bedenken, dass die verschiedenen Fleischteile eine unterschiedliche Eiweißzusammensetzung haben. Bei einem Medaillon oder Steak aus der Keule, das kurzgebraten sehr gut gelingt, verhält sich dazu ein genau so schön geschnittenes Stück aus der Schulter ganz anders. Das enthaltene Kollagen wird erst durch eine langsame Hitzeeinwirkung (schmoren) weich. Diesen Unterschied kann man auch durch Marinieren oder Beizen nicht ausgleichen. Bleiben wir zunächst bei den Fleischteilen, die ganz kurz auf dem Rost gegrillt werden (Rückenmedaillons, Filets, Steaks aus der Keule). Das geschnittene Fleisch wird mit wenig Sonnenblumenöl, einigen zerquetschten Pfefferkörnern, einer Knoblauchzehe und ein paar Kräuterzweigen für ein bis zwei Stunden mariniert.

Bis dahin nie Salz zugeben. Das würde dem Fleisch Wasser entziehen (Osmose). Bei diesen, mit typischem zarten Eigengeschmack ausgestatteten Wildbretteilen wäre es jammerschade, noch tiefer in die Gewürzkiste zu greifen – da braucht es einfach nicht mehr! Ein für das Beizen oder Marinieren sehr gut geeignetes Stück Wildbret ist der Hals von einem Wildschwein. Da sollte es aber schon ein starker Überläufer oder ein stärkeres Stück sein. Als Behälter verwendet man beim Marinieren nur säurefeste Gefäße aus Kunststoff, Glas, Keramik oder Edelstahl. Sehr gut eignen sich auch verschließbare Gefrierbeutel, in denen das Grillgut regelrecht in der Marinade badet oder diese auch vorsichtig in das Wildbret einmassiert werden kann. Um die Marinierzeit auf ein Minimum zu beschränken, ist die Verwendung eines professionellen Vakuumiergeräts eine gute Alternative. Es gibt drei verschiedene Komponenten der Marinade:

Säure: Sauer macht lustig – und das wilde Grillgut zart und würzig. Für Wild-Marinaden eignen sich Wein, Cognac, Whiskey, Bier (sehr gut auch Dunkelbier oder Starkbier), Essig, Joghurt und Buttermilch. Joghurt und Buttermilch spenden nebenbei auch noch Feuchtigkeit und machen Fleisch besonders zart.

Öle: Öle schützen das Fleisch vor der Hitze und sorgen in einer säurehaltigen Marinade für einen Ausgleich des Flüssigkeitsverlustes. Achtung! Wer zu viel Ölmarinade verwendet, sieht das Ergebnis sofort: Das überschüssige Öl tropft in die Glut und erzeugt lodernde Flammen.

Kräuter und Gewürze: Zur Wildküche passen traditionelle Kräuter und Gewürze wie Knoblauch, Pfeffer, Wacholderbeeren, Nelken, Thymian, Majoran, Lorbeerblätter, Rosmarin, Piment, Koriander(-körner), Ysop und auch eine Prise Zimt oder etwas Mark einer Vanilleschote.

Aber Vorsicht: Manche Kräuter wie beispielsweise Majoran verbrennen sehr schnell, und das Aroma verduftet buchstäblich, wenn es zu lange der Hitze ausgesetzt ist. Rosmarin und Thymian hingegen vertragen auch höhere Temperaturen gut. Frischer Knoblauch in Verbindung mit Öl ist ebenfalls hitzeempfindlich. Er verbrennt leicht und bekommt dadurch einen bitteren Geschmack. Für Marinaden eignet sich Knoblauch daher gut in granulierter Form.

Buttermilchbeize

Zutaten:
10 schwarze Pfefferkörner
4 Wacholderbeeren
5 Korianderkörner
1 l Buttermilch
2 Lorbeerblätter
1 Gewürznelke

Zubereitung:
Pfefferkörner, Wacholderbeeren und Korianderkörner im Mörser zerdrücken und dann mit den übrigen Zutaten mischen. Das Fleisch damit übergießen und abgedeckt im Kühlschrank mehrere Stunden ziehen lassen, Fleisch ab und zu wenden.

Bier-Senf-Marinade

Zutaten:
2 El Senf
1 Stange Lauch
(nur das Weiße verwenden), in Ringe geschnitten
1 Möhre, klein gewürfelt
1 Zweig Rosmarin
1 Zweig Thymian
1 Lorbeerblatt
3 Wacholderbeeren
10 schwarze Pfefferkörner
1 Flasche Pils

Zubereitung:
Das Fleisch dünn mit Senf bestreichen, mit den Lauchringen, Möhrenwürfeln und Gewürzen belegen. Mit Bier auffüllen, bis das Fleisch ganz bedeckt ist. Abgedeckt über Nacht im Kühlschrank ziehen lassen. Vor dem Grillen das Fleisch gut abtropfen lassen.

Kräuter-Öl-Marinade

Zutaten:
150 ml Olivenöl
3 kleine Zweige Rosmarin
2 Lorbeerblätter
1 Zwiebel
2 Knoblauchzehen
1 Bund Suppengemüse
1 TL Majoran, getrocknet
(ersatzweise 1/2 TL Oregano)
1/2 TL Thymian, getrocknet
7 Wacholderbeeren
10 schwarze Pfefferkörner
5 Pimentkörner
5 Korianderkörner
5 EL Cognac

Zubereitung:
Das Olivenöl leicht erwärmen, die Rosmarinzweige und Lorbeerblätter hinzufügen. Abgedeckt an einem warmen Ort einige Stunden, noch besser über Nacht, durchziehen lassen. Anschließend Kräuter herausnehmen. Zwiebel, Knoblauch und Suppengemüse putzen, waschen und klein würfeln. Die getrockneten Kräuter mit Wacholderbeeren, Pfeffer-, Piment- und Korianderkörnern mischen, in einem Mörser zerdrücken und dann mit dem Cognac verrühren. Das Kräuter-Olivenöl zufügen und anschließend das Wildfleisch mit dieser Mischung mindestens für 12 Stunden kühl stellen und ziehen lassen. Das Fleisch währenddessen ab und zu wenden.

Balsamico-Rotwein-Marinade

Zutaten:
1/2 TL schwarze Pfefferkörner
1/2 TL Korianderkörner
1/2 TL Anissamen
1/2 Zimtstange
100 ml Balsamico-Essig
500 ml Rotwein
4 EL Olivenöl
1/2 unbehandelte Zitrone, in dünnen Scheiben
3 Knoblauchzehen, gepresst
1 Zwiebel, in dünnen Ringen
2 Lorbeerblätter
5 Wacholderbeeren
1 TL dunkler Honig

Zubereitung:
1. Pfeffer- und Korianderkörner, Anissamen und Zimtstange in einer Pfanne ohne Öl rösten und anschließend mit den übrigen Zutaten gut vermischen. Die Marinade über das Fleisch gießen und über Nacht im Kühlschrank marinieren lassen.
2. 1 Stunde vor dem Grillen das Fleisch aus dem Kühlschrank nehmen, die Marinade gut abstreifen und in einer Schale auffangen. Das Grillgut mit der aufgefangenen Marinade während des Grillens immer wieder bestreichen.

Wursten – einfacher als gedacht

Beim Zerwirken fallen immer wieder Wildbretteile an, die nicht zum Braten am Stück taugen. Sie sind jedoch hervorragend zum Wursten geeignet. Mit etwas Übung lassen sich daraus Schmankerl zaubern, die jedem das Wasser im Mund zusammenlaufen lassen. Karl-Josef Fuchs zeigt Ihnen, wie es geht.

Beim Wursten stellen wir Jäger aus unserem Wildbret eine ganz besondere Spezialität her. Da aber nicht immer eine Bache zu 80 Kilogramm als Fettlieferant zur Verfügung steht, müssen wir dabei meist auch einen gewissen Anteil an Fleisch vom Hausschwein in unterschiedlichen Fettgehaltsstufen verwenden. Je nach Sorte benötigt man Schweineschulter, Schweinebauch oder Fett vom Rücken.

Unser wichtigstes Werkzeug beim Wursten ist der Fleischwolf. Er sollte einen Messersatz haben, der wirklich scharf geschliffen ist. Ob der Antrieb händisch oder elektrisch erfolgt, hängt von der zu verarbeitenden Menge beziehungsweise der Muskelkraft ab. Wichtig ist, dass das zu verarbeitende Fleisch gut gekühlt durch den Wolf gedreht wird. Wir verwenden zwei bis vier Tage abgehangenes Wildbret. Das können – je nach Rezept – auch kleinere Fleischstücke sein, die jedoch sauber von allen „Hinterlassenschaften", wie Schusskanälen und Schweißresten, sowie von Sehnen befreit sein müssen. Auch Wildbret, das bereits eingefroren war, kann verwendet werden. Allerdings darf es nicht überlagert sein oder Gefrierbrand aufweisen. Wie bei anderen Gerichten gilt auch hier: Das Produkt kann nur so gut werden, wie seine schlechteste Zutat.

Am besten schmeckt die Wurst, wenn bei ihrer Zubereitung frische Gewürze verarbeitet werden. Gleich nachdem sie im Mörser zerkleinert wurden, gibt man sie direkt zum Brät.

Brät und Gewürze werden sorgfältig vermengt – entweder mit der Hand oder der Küchenmaschine. Ist eine gute Bindung entstanden, gehts ans Abfüllen.

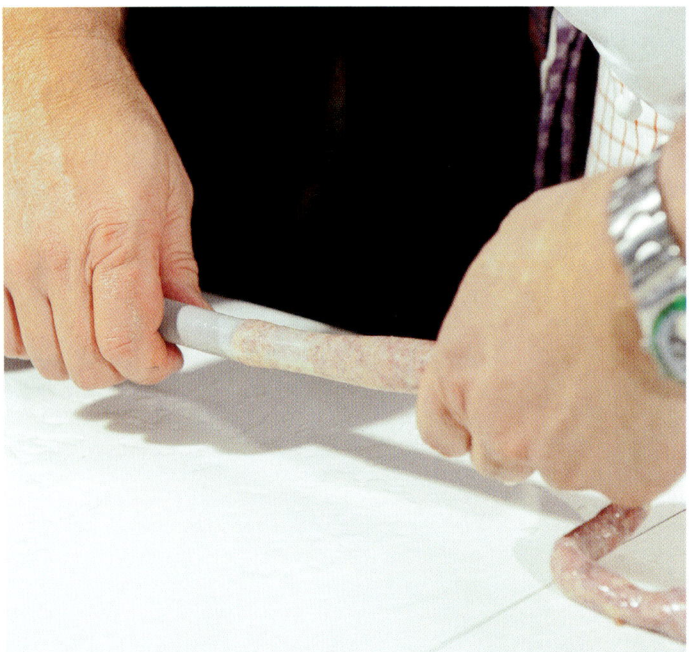

Beim Abfüllen muss man darauf achten, dass sich das Brät gleichmäßig im Darm verteilt. Am besten lässt sich das mit einem Wurstfüller bewerkstelligen.

Nun zu den Gewürzen:
Man sollte keine fertigen Gewürzmischungen verwenden. Das eigene Mischen ist ganz einfach, und nach einigen Versuchen hat man raus, wie man den besten Geschmack hinbekommt. Zudem macht das Experimentieren sehr viel Freude – besonders, wenn man sich mit dem Rösten von verschiedenen Gewürzen beschäftigt (siehe unten). Bei gemahlenen Gewürzen ist unbedingt darauf zu achten, dass diese nicht zu alt sind beziehungsweise im Gewürzregal in der Küche ewig herumgestanden haben. Das schmeckt nicht mehr! Also nur in kleinen Mengen kaufen und zügig verbrauchen.

Zum Rösten (je nach Rezept, siehe Seite 68 und 69): Pfefferkörner weiß und schwarz, Piment, Koriander, Nelken und Sternanis werden langsam bei milder Hitze in einer Eisenpfanne ohne Öl angeröstet. Das dauert ungefähr drei Minuten. Danach in einem Mörser zerkleinern. Bei Bedarf sieben und sofort der Wurstmasse zugeben. Probieren Sie es mit einer kleinen Menge einmal aus. Es ist wunderbar! Zum Würzen gehören natürlich auch Kräuter, wie Majoran oder Thymian. Frisch geschnittene Lauchzwiebeln oder Petersilie können die verschiedenen Wurstsorten interessant ergänzen. Vorsicht ist bei getrockneten Rosmarinnadeln geboten: Sie bleiben hart.

Ein sorgfältiges Mischen des Bräts und der Gewürze ist wichtig, damit diese gleichmäßig verteilt werden.

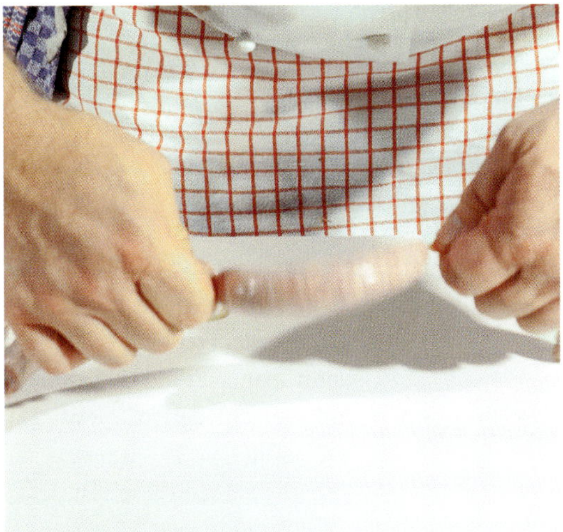

Ist das Brät im Darm, dreht man die einzelnen Würste ab. Mit etwas Übung geht das recht flott von der Hand.

Dann werden die Würstchen mit einem scharfen Messer voneinander getrennt.

Für das charakteristische Aussehen der Wurst ist die richtige „Hülle“ entscheidend. Man unterscheidet zwischen Natur- und Kunstdärmen. Naturdärme stammen in der Regel von Rind, Schwein, Schaf und Pferd. Aber auch Blasen von Rindern und Schweinen sowie Schweinemägen können als Wursthülle verwendet werden. Sie können mitverzehrt werden. Kunstdärme stehen den Eigenschaften von Naturdärmen in nichts nach. Würste im Kunstdarm zeichnen sich vor allem durch ein einheitliches Erscheinungsbild aus. Der Durchmesser von Wursthüllen wird als Kaliber bezeichnet und in Millimetern angegeben. Für die Wildwürstchen bieten sich Schweinedärme im Kaliber 28–30 oder Saitlinge im Kaliber 22–24 Millimeter an. Sie sind im Fleischereifachhandel zu bekommen, meist in Packungen zu 100 Meter. Kleinere Mengen dürften Sie auch bei Ihrem Metzger kaufen können. Für drei Kilogramm Brät braucht man circa zehn Meter Darm.

Um die Därme schön gleichmäßig und „satt“ füllen zu können, benötigt man einen Aufsatz für den Fleischwolf oder einen handbetriebenen Wurstfüller, wie er früher bei der Hausschlachtung verwendet wurde.

Lohn der Arbeit: Auf dem Grillrost brutzeln die frischen, selbstgemachten Leckerbissen und verströmen einen unwiderstehlichen Duft.

Wild
direkt vom Jäger

Und hier noch ein paar Tipps, wo Sie frisches Wild bekommen und wie Jäger ihr erlegtes Wildbret kundenorientiert vermarkten können.

Für Nichtjäger: Hier bekommen Sie Wild

Viele Fleischereigeschäfte verkaufen inzwischen nicht nur in der Vorweihnachtszeit Wild aus der Region. Auch im Lebensmitteleinzelhandel gibt es teilweise – regional und zeitlich begrenzt – frisches Wildbret. Vorsicht: Tiefkühlware, wie sie häufig in Supermärkten angeboten wird, stammt meist aus Übersee. Ein genauer Blick auf das Etikett ist also angebracht.

Sinnvoller ist es jedoch, das Wildbret direkt und frisch bei einem örtlichen Jäger zu kaufen. Zahlreiche Waidmänner vermarkten Wild direkt an den Verbraucher, und dies nicht nur „am Stück", sondern küchenfertig portioniert. Wenn Sie wissen wollen, welcher Jäger in Ihrem Wohnort oder in der Nähe Wild vermarktet, lohnt der Blick auf die Internetseiten der jeweiligen Landesjagdverbände. So bietet der Deutsche Jagdschutzverband auf seiner speziell eingerichteten Internetseite www.wild-auf-wild.de eine bundesweite Übersicht von Bestelladressen für Wildbret. Das Portal informiert den Verbraucher ganzjährig über Wildbretangebote und gibt nützliche Tipps, beispielsweise zur Zubereitung.

Auch bei Forstämtern ist es möglich, Wild – zum Teil auch portioniert – zu erwerben. Das Forstamt, das für Ihren Wohnort zuständig ist, erreichen Sie ebenfalls über die Internetseite Ihrer Landesforstverwaltung. Möchte ein Jäger Ihnen nur ein Stück Wild „in der Decke" verkaufen, fragen Sie bei Ihrem Metzger an. Oft sind diese bereit, gegen eine geringe Gebühr das Wild fachgerecht zu zerlegen. Wenn Sie nicht das ganze Stück auf einmal frisch verwerten können, kann das fettarme Wildbret ohne weiteres auch mal in der Tiefkühltruhe zwischengelagert werden!

Für Jäger: So vermarkten sie Ihr Wild

Um heutzutage Wild an den Mann oder die Frau zu bringen, sollten Sie Ihre erlegten Stücke küchenfertig und portioniert anbieten. Mit einem Stück in der Decke oder in der Schwarte können Verbraucher häufig nichts anfangen. Auch das Ausbeinen und Zerlegen der grob zerwirkten Stücke, wie Blatt, Keule und Rücken ist nicht Jedermanns Sache. Ein ansprechend eingeschweißtes Wildschwein- oder Rehsteak sowie Wildbratwürste lassen sich weitaus besser vermarkten. Fragen Sie Ihren Metzger, ob er bereit ist, Ihr Wild aus der Region zu vermarkten oder organisieren Sie über Ihren Hegering oder die Kreisgruppe einen Verkaufsstand auf Wochen- oder Weihnachtsmärkten. Auch auf den Internetauftritten der jeweiligen Landesjagdverbände oder anderen Internetportalen können Sie Ihre Produkte einstellen:

www.wild-auf-wild.de
www.wildbrettsuche.de
www.direkt-vom-jaeger.de
www.wild-regional.de
www.wildbretboerse.de
www.ljv-rlp.de
www.ljv-hessen.de

REGISTER

Elmar Fetscher

erfahrener Barbecue-Spezialist und Herausgeber des Grill- und Barbecue Magazins FIRE&FOOD. Fetscher ist nicht nur begeisterter Grillexperte, sondern auch leidenschaftlicher Angler und Weinliebhaber.

Karl-Josef Fuchs

leitet das Restaurant Romantik Hotel Spielweg, und liebt die kreative Küche. Er ist auch am Grill ein Spitzenkoch und ein passionierter Jäger. Die Lieblingsspeise des WILD UND HUND-Autors ist Wildbret.

Ulf Muuß

Berufsjäger, Schweißhundeführer und WILD UND HUND-Autor. Muuß greift auf über 17 Jahre Revierdiensterfahrung zurück. Er vermarktet und veredelt seit rund 25 Jahren sein erlegtes Wild sowie Wildbret selbst.

Carsten Bothe

Diplombiologe, freier Journalist und Buchautor. Weist in Lagerfeuer-Kochkursen die Teilnehmer in das Geheimnis des Kochens am offenen Feuer ein. Außerdem brachte er den Dutch-Oven nach Deutschland.

Michael Wollenberg

Der Jäger und Buchautor wurde zum besten Fischkoch der Welt gekürt und ist einer der jüngsten Sterneköche Deutschlands. Er betreibt das Restaurant Wattkorn.

Johannes Kliem

Mit seinem Team „South Side BBQ“ wurde Kliem Deutscher Grillmeister 2010 in der Klasse der Amateure. Ihn reizen besonders neue Grillkreationen, dazu gehören auch einzigartige Wildrezepte.

Klaus Winter

Chef der FIRE&FOOD BARBECUE AKADEMIE. Dort hält er erstklassige Grill- und Barbecueseminare. In seinem Restaurant Strandhaus serviert er den Gästen am liebsten Grillspezialitäten.

Michael ‚Bullnose‘ Stahl

genießt unter Grill- und Barbecuekennern größtes Ansehen für sein Fachwissen und seine Zubereitungen. Stahl wurde von der Pro7-Sendung Galileo zum kreativsten Grillmeister Deutschlands gekürt.

IMPRESSUM

Bildnachweis
Mit Farbfotos von Ralph Benz Photo: S. 48, 49, 75 unten, 77, 78/79, 104, 113, 114–117; Reiner Bernhardt: S. 46/47; Carsten Bothe/Venatus: S. 96–101; Fire&Food: S. 11–19, 22–35, 38–45, 48–51, 54–63, 66, 67, 72, 73, 74, 75 oben, 76, 80, 81, 89, 92, 93, 94, 95; istockphoto: S. 6/7, 64/65, 88, 112 oben; Kristofer Hansson: S. 20/21; Horst Jegen: S. 8/9; Rainer Kaufung: S. 36/37; Silvia Muuß: S. 104–110, 112 unten; Willi Rolfes: S. 52/53; Karl-Heinz Volkmar: Vorsatz/Nachsatz, S. 102/103;
www.bbq-scout.de: S. 87, 91; www.cadaceurope.com: S. 91; www.campingaz.de: S. 86; www.cleenbo.de: S. 91; www.landmann.de: S. 85, 90; www.jackdaniels.de: S. 91; www.outdoorchef.de: S. 84, 90; www.holzpelletgrill.de: S. 90; www.steven-raichlen.com: S. 90, 91; www.tueros.de: S. 85, 90, www.weberstephen.de: S. 84, 85, 91

Mit 176 Farbfotos und 4 Zeichnungen

In Zusammenarbeit mit WILD UND HUND
Paul Parey Zeitschriftenverlag GmbH & Co. KG, Singhofen

Umschlaggestaltung von Populärgrafik, Stuttgart
unter Verwendung eines Fotos von istockphoto

Unser gesamtes lieferbares Programm und viele weitere Informationen zu unseren Büchern, Spielen, Experimentierkästen, DVDs, Autoren und Aktivitäten finden Sie unter **kosmos.de**

MIX
Papier aus verantwortungsvollen Quellen
FSC® C084279
FSC www.fsc.org

Gedruckt auf chlorfrei gebleichtem Papier

ISBN 978-3-440-13559-4
Redaktion: Ekkehard Ophoven
Lektorat: Dr. Eva Eckstein
Satz: Populärgrafik, Stuttgart
Produktion: Die Herstellung, Korntal
Printed in Slovakia / Imprimé en Slovaquie